Pierre Wolff

Den Gefühlen trauen
und
den Kopf gebrauchen

Pierre Wolff

Den Gefühlen trauen und den Kopf gebrauchen

Die Kunst der Entscheidung nach der Methode des Ignatius von Loyola

Aus dem Amerikanischen übersetzt
von P. Radbert Kohlhaas

Herder
Freiburg · Basel · Wien

2. Auflage 1997

Copyright © Pierre Wolff 1993
Erstmals veröffentlicht unter dem Titel „Discernment"
bei Triumph™ Books, Liguori, Missouri, USA
© Verlag Herder Freiburg im Breisgau 1996
Alle Rechte vorbehalten
Umschlaggestaltung: Neil McBeath
unter Verwendung eines Gemäldedetails von Michelangelo
Herstellung: Clausen & Bosse, Leck
Gedruckt auf umweltfreundlichem, chlorfrei gebleichtem Papier
Printed in Germany
ISBN 3-451-23976-0

Inhalt

Hinweis zum Sprachgebrauch

Wichtige persönliche und gemeinschaftliche Entscheidungen mit Hilfe einer geistlichen Methode anzugehen, hat im kirchlich geprägten Abendland eine lange Tradition. In Anlehnung an 1 Joh 4,1 hat sich dafür der Begriff *discretio spirituum* eingebürgert, zu Deutsch *Unterscheidung der Geister,* auf Englisch *discernment.*

Ignatius von Loyola (1491–1556), der Gründer des Jesuitenordens, nimmt in dieser Tradition eine herausragende Stellung ein. In seinen *Geistlichen Übungen,* dem *Exerzitienbuch,* hat er der Unterscheidung der Geister eine systematische und allgemein nachvollziehbare Form gegeben, so daß man ihn heute als den entscheidenden Gewährsmann dieser Methode betrachten kann. Auf Ignatius stützen sich auch die im vorliegenden Buch beschriebenen Vorgehensweisen.

Aus Gründen leichterer Lesbarkeit wird in diesem Buch für den Zentralbegriff *discernment* durchgängig der Begriff *Abwägen* gebraucht, der ihm im modernen Sprachempfinden wohl am nächsten kommen dürfte.

Einleitung

Das Leben stellt uns alle – ob wir nun an Gott glauben oder nicht – in der Familie, im Beruf, in der Gesellschaft und in der Politik vor Entscheidungen. Wenn wir in der Vergangenheit einige gute Entscheidungen getroffen haben, die für uns und auch für andere nützlich waren, so haben wir wahrscheinlich auch Fehler gemacht, von denen niemand etwas hatte. Bei näherem Nachdenken erinnern uns unsere Krisen im familiären, gesellschaftlichen und politischen Bereich daran, daß es wichtig es ist, die richtige Wahl treffen zu können.

Ein Aspekt unserer schlechtesten Entscheidungen kann uns zutiefst treffen: Wie oft haben wir den Eindruck gehabt, daß unsere schlimmsten Fehlentscheidungen unter dem Einfluß unbewußter Motivationen erfolgt sind. So sind wir passiv entweder fremdem Rat oder unserem eigenen unbändigen Drang gefolgt. Wenn wir meinten, wir träfen frei unsere Wahl, hat man uns am Bändel geführt. Jeder, der nach etwas süchtig oder von jemandem abhängig ist, weiß, wie weh es tut, nicht Herr über seine eigenen Entscheidungen zu sein.

Für religiös gläubige Menschen liegt ein wichtiger Teil dessen, worum es in ihren Entscheidungen geht, in ihrer Gottverbundenheit. Aufgrund ihres Glaubens möchten sie eine Gefährtenschaft mit Gott führen, mit ihm „unterwegs sein". Deshalb müssen sie sich davor hüten, sich von dem, den sie anbeten, zu entfernen, und sie möchten Gott den Weg bahnen (Jes 40). Als gläubige Menschen sorgen sie sich auch darum, zu prüfen, was Gott wohl für sie bereithält. Und sie haben das Verlangen, im Einklang mit dem zu handeln, was sie finden, so daß sie nicht das Geleit des Einen verlieren, dem sie dienen. Für Christen, die in ihrem Alltag nach Gottes Gegenwart und Einladung Ausschau halten, ist das Problem des Abwägens von Andreas und seinem Gefährten auf eine Kurzformel gebracht worden, als sie an Jesus die bedeutsame Frage richteten: „Meister, wo wohnst du?" (Joh 1,38).

Wenn wir also unsere Chancen, Entscheidungen zu treffen, die für andere und für uns selbst ersprießlich sind, unsere Entschlüsse in größerer Freiheit zu fassen und unserem Gott treu zu sein, verbessern wollen, müssen wir abzuwägen lernen.

Abzuwägen heißt, Entscheidungen zu treffen, die möglichst genau der objektiven Wirklichkeit entsprechen, die möglichst frei von unseren inneren Zwängen und gut abgestimmt sind auf unsere Glaubensüberzeugungen (oder auf unser Wertesystem, falls wir religiös nicht gebunden sind).

Unser Buch behandelt eine Methode des Abwägens, die sich in der christlichen Spiritualität lange bewährt hat. Im 16. Jahrhundert hat Ignatius von Loyola, der Gründer des Jesuitenordens, eine Methode zum Abwägen und Treffen von Entscheidungen geschaffen. Sie ist das Erbe, das ich, gestützt auf meine eigene, jahrelange Erfahrung in der Entscheidungshilfe für viele Menschen, vorstellen möchte.

Über dieses Thema sind schon viele Artikel und Bücher geschrieben worden. Einige der Bücher, die ich gelesen habe, finde ich tadellos. Aber hier und da hat man mir gesagt, man fände keinen rechten Zugang zu ihnen, weil ihre Fachterminologie hinderlich sei. Experten auf dem Gebiet der Spiritualität könnten einige Teile der vorliegenden Arbeit zu simpel finden, doch das war ja gerade meine Absicht: ein Buch zu schreiben, das zugleich *sach-*

lich korrekt, aber einfach, und *vollständig, aber nicht zu lang und für jeden verständlich* wäre.

Dieses Buch ist insofern eine Einführung in das Abwägen, als es *nur* dann etwas bewirkt, wenn man seinen Inhalt in die Praxis umsetzt. Abwägen ist keine Theorie, sondern eine konkrete Methode, mit dem realen Alltag umzugehen, der es mit sich bringt, daß man Entscheidungen trifft, die sich auf unser Leben und auf das Leben anderer auswirken.

Was auf den folgenden Seiten steht, stammt aus meiner eigenen Praxis. Ich habe viele Exerzitien und Gesprächskreise geleitet und auch vielen Menschen im persönlichen Gespräch geholfen. Die Leute, mit denen ich zu tun hatte, vertreten in einer Reihe verschiedener Länder alle Bildungsschichten, gesellschaftlichen und beruflichen Stellungen. Normalerweise waren es Christen, aber ich habe auch mit Angehörigen nicht-christlicher Religionen und mit religionslosen Menschen zu tun gehabt. Daher weiß ich, daß dieses Buch *jedem* helfen kann, sich des normalen Instrumentariums zu bedienen, das uns allen zum Treffen von Entscheidungen, zum *Abwägen*, zur Verfügung steht.

Aufbau des Buches

Teil 1 zeigt, daß Abwägen, verhüllt durch die gelehrte Terminologie einiger Fachleute, auf Fähigkeiten beruht, die wir alle besitzen. Der Rahmen, das Instrumentarium und der Grundstein sind bei jedem Menschen zu finden. Es geht darum, zu lernen, wie man sie systematisch anwendet, wenn der Augenblick zum Treffen einer Entscheidung gekommen ist.

Teil 2 beschreibt die Methode, nach der der *einzelne* abwägt. Ich beginne mit dem individuellen Abwägen, bevor ich erkläre, wie eine ganze Gruppe abwägt, weil ich aufgrund meiner eigenen Erfahrung zutiefst davon überzeugt bin, daß eine Gruppe nicht abwägen kann, wenn ihre Mitglieder nicht in der Lage sind, persönlich abzuwägen.

Zuerst beschreibe ich, wie man die Mittel einsetzt, die uns zur Verfügung stehen: den Kopf und das Herz. Mag die Beschreibung sich auch christlicher Begriffe bedienen, so kann man sie doch für Nicht-Christen und glaubenslose Menschen übersetzen. Diese Übersetzung findet sich in dem Anhang mit der Überschrift *„Gilt diese Methode nur für Christen?"* Sodann verfeinere ich die Methode zur Anwendung in Fällen, die schwerer zu lösen sind – zum Beispiel, wenn eine Entscheidung von uns verlangt, mit einer impulsiven Reaktion fertig zu werden, die das tiefste Sehnen unseres Wesens verdeckt. Schließlich kommt die Beschreibung auf die Grundvoraussetzung jeder persönlichen Wahl zurück, *die Freiheit*. Wie vergewissern wir uns, daß sie von vornherein bei dem Prozeß mitspielt?

Teil 3 behandelt das gemeinsame Abwägen, das *in einer Gruppe* erfolgt (einige Leser könnten sich versucht fühlen, sofort diesen Teil aufzuschlagen; ich wiederhole, was ich bereits gesagt habe: solches Abwägen setzt voraus, daß die einzelnen Mitglieder dieser Gruppe zunächst wissen, wie man persönlich abwägt).

In diesem Teil schildere ich als Beispiel eine Situation, in der ein einzelner, der persönlich vor einer Wahl steht, eine Gruppe um Hilfe beim Abwägen bittet. Dann führe ich den Fall der Gruppe vor, die zu einer gemeinsamen Entscheidung kommt.

Die *Schlußgedanken zu unseren Entscheidungen* lenken unsere Aufmerksamkeit auf die letzte Bewährungsprobe, die für alle unsere Entscheidungen gilt: was wir für die Armen tun. Dann geht uns wohl auf, wie das Heil aussieht, das Gott uns in allen unseren Entscheidungen zugedacht hat.

Am Ende des Buches wird der Leser weitere Hinweise finden, die vielleicht nützlich sind. Anhang 1 stellt die vier Kriterien zum Treffen einer Entscheidung, die im Buch aufgeführt werden, ausführlicher dar. Anhang 2 „übersetzt" die Methode für die Anwendung durch Nicht-Christen oder religionslose Menschen. Anhang 3 macht Vorschläge zur Klärung dessen, worum es bei der Entscheidung geht. Anhang 4 legt dar, was man von einem guten geistlichen Begleiter erwarten kann. Schließlich enthält Anhang 5 vier Schemata, die es dem Leser ermöglichen sollen, die Schritte beim Abwägen bildlich darzustellen. Die Bibelzitate stammen aus der *Neuen Jerusalemer Bibel* mit der *Einheitsübersetzung*.

Ich kann schon hier dem Leser etwas versprechen. Wenn Sie sich diese Methode aneignen und sie praktizieren, werden bessere Entscheidungen es Ihnen lohnen, werden Sie die Freude größerer persönlicher Freiheit verspüren; und wenn Sie wollen, werden Sie erfahren, wie innig Sie bei Ihren Entscheidungen mit Ihrem Gott verbunden sein können. Gehören Sie keiner Religion an, so werden Sie die Erfüllung verspüren, die sich einstellt, wenn man seinen wichtigsten Werten treu ist. Ich verspreche das ganz zuversichtlich, da alle, die sich an diese Methode gehalten haben, diese frohe und glückliche Erfülltheit bekundet haben.

Ich möchte allen danken, mit deren Hilfe ich abzuwägen gelernt habe. Die einen haben mich unterwiesen, andere haben mir geistlich geholfen. Einige haben mich persönlich oder in der Gruppe mitabwägen lassen. Ich möchte auch denen danken, die mir beim Übersetzen meiner Gedanken in eine einfache und verständliche Sprache geholfen haben. Und ein ganz besonderes Dankeschön an Carol.

Pierre Wolff

ERSTER TEIL

Was zu jeder Wahl gehört

1. Kapitel

Jeder hat, was zum Wählen nötig ist

Abwägen ist zur Zeit ein aktuelles Thema. Obgleich wir das Wort häufig hören, bleibt das Verfahren für die meisten doch rätselhaft. Man könnte den Eindruck haben, daß die Kunst des Abwägens gewissen geistlichen und theologischen Fachleuten wie Seelsorgern und Priestern, Gurus, Mönchen und anderen Experten vorbehalten ist. Doch das ist offenbar nicht der Fall, sobald man sie erklärt. Tatsächlich wägt jeder ab, da jeder Wahlen trifft, denn das Leben fordert von uns allen tägliche Entscheidungen. Und es ist möglich, sie mehr oder weniger systematisch zu treffen.

Abwägen bedeutet, einen Sachverhalt gegen andere Sachverhalte abzugrenzen und in seiner Andersartigkeit genau zu erkennen. Abwägen ist ein Vorgang, der es uns ermöglicht, unverwechselbar und eindeutig festzustellen, worin Sachverhalte miteinander übereinstimmen oder nicht. Es sollte selbstverständlich sein, daß dieses Vorgehen zum Treffen von Entscheidungen unumgänglich ist. Wenn man auswählt, muß man ausgrenzen. Wenn man sich, um ein Beispiel zu nennen, für den Bürgersteig entscheidet, entscheidet man sich dafür, nicht auf der Straße zu gehen. Aber diese einfache Entscheidung setzt voraus, daß wir den Bürgersteig von der Straße unterscheiden können – deutlicher als, sagen wir einmal, ein Betrunkener, dessen Sehvermögen und Gleichgewicht vom Alkohol beeinträchtigt werden. Je besser unser Abwägen und unsere *Unter*scheidungen, um so klarer sind unsere *Ent*scheidungen.

Wir wägen täglich ab. Eigentlich würden wir das Wort

„abwägen" banalisieren, wollten wir es auf die Auswahl von Gerichten auf der Speisekarte anwenden. Wenn ich aber auf meinen Cholesterinspiegel achte, muß ich mir Zeit für die Überlegung nehmen, was ich mir bestellen soll. Zuerst streiche ich rotes Fleisch, Butter und fetten Käse von meiner Liste. Dann wähle ich aus den verbleibenden Angeboten, was ich lieber äße: Kalbfleisch oder Fisch, rohes oder gekochtes Gemüse, Nudeln, Kartoffeln oder ein Bohnengericht. Diese Gelegenheit, uns zu entscheiden, die sich so regelmäßig einstellt wie unsere täglichen Mahlzeiten, enthält alle Elemente des systematischsten und kunstgerechtesten Abwägens. Lassen wir für den Augenblick jede mit Abwägen verbundene religiöse Begleitvorstellung beiseite und betrachten wir ein paar Beispiele, die folgenreicher sind als das Zusammenstellen einer Mahlzeit von der Speisekarte. Nehmen wir z. B. einmal an, wir müßten umziehen, uns um einen neuen Arbeitsplatz bemühen oder eine Schule für unsere Kinder aussuchen. Wie geht man am besten an solche Entscheidungen heran?

Die Rahmenbedingung: Die nötige Zeit

Soweit die Situation es gestattet, dürfen wir eine Entscheidung niemals vorschnell treffen. Je wichtiger die Angelegenheit ist, um so mehr Zeit verlangen wir uns selbst oder anderen für die Entscheidung ab. Welche Eltern würden für ihr Kind innerhalb von fünf Minuten eine Schule aussuchen? Selbst wenn die eigentliche Aufgabe nicht sehr viel Zeit beansprucht, so ist die erste und wichtigste Komponente des Entscheidungsprozesses die Zeit.

Das Instrumentarium: Kopf und Herz

Normalerweise greifen wir nicht zum Telefonbuch und legen mit geschlossenen Augen unseren Finger auf die erstbeste Eintragung, um die Straße, in der wir wohnen, die Firma, bei der wir arbeiten, oder die Schule, auf die wir unser Kind schicken möchten, auszusuchen. Wir wollen diese Entscheidungen sicher nicht dem Zufall überlassen. Als reife Menschen verlassen wir uns lieber auf bessere Werkzeuge als das Glück, um zu einer Entscheidung zu kommen.

Zuerst brauchen wir unseren Kopf. Wir bedenken die Situation, wir holen Auskünfte ein, wir wägen die Vor- und Nachteile der uns zu Gebote stehenden Möglichkeiten ab, und wir versuchen auszuloten, wie sie sich auswirken könnten. Manchmal beraten wir uns mit Menschen, die wir für erfahren halten, was Schulen, eine bestimmte Tätigkeit oder die in Aussicht genommene Wohngegend in der Stadt angeht. Wir sammeln und speichern Informationen über die Frage, die wir lösen möchten. Wenn wir sie analysiert und zusammengestellt haben, sehen wir allmählich objektiver, wie wir vorgehen sollten. Das Wort *objektiv* besagt, daß die Lösung, die wir nach all unseren Überlegungen, gestützt auf unsere Daten, als möglich erkannt haben, wohl auch in den Augen vieler anderer eine vernünftige Alternative wäre.

Aber unser Kopf ist selten, wenn überhaupt, der einzige Teil unserer selbst, der bei Entscheidungen mitwirkt. Wir fragen immer auch unser Herz, um festzustellen, ob die Lösungsmöglichkeit uns zusagt oder nicht. Objektiv mag das uns angebotene Haus unseren Bedürfnissen entsprechen, aber wir können uns nicht vorstellen, daß wir in einer so reichen und exklusiven Gegend wohnen würden. Diese Anstellung mag mit einem einträglichen Gehalt verbunden sein und die Möglichkeit einer interessanten Beförderung bieten, aber der Gedanke an eine Zukunft mit so langen Trennungen von unserer Familie macht uns Sorge. Diese Schule ist berühmt für ihr hohes Lernniveau, aber wir, Eltern wie Kind, fühlen uns in ihrer hochnäsigen Atmosphäre nicht wohl. Kurz gesagt, unser Herz meldet sich bei unseren Erkundigungen zu Wort, und wir alle wissen, daß unser Herz beim Treffen einer Entscheidung oft das letzte Wort hat.

So sichten wir denn mit dem Herzen, was wir im Kopf entdecken, damit wir eine Entscheidung treffen, die *unsere eigene* ist, und die wir subjektiv gutheißen können. Sie ist *unsere* Entscheidung. Das heißt, daß andere unsere Wahl wohl gedanklich nachvollziehen können, ohne ihr zuzustimmen, weil sie vielleicht das, was uns am Herzen liegt, nicht in gleicher Weise schätzen. Sie können uns sogar für unvernünftig halten.

Die Entscheidung ist wirklich die unsere, und unsere allein. Das trifft so sehr zu, daß man sogar im engsten Freundeskreis spüren kann, wie allein man ist. Ich kann z. B. mein Problem mit Freunden erörtern, die ich für klug halte: „Ihr kennt mich gut; sagt mir, wo ich Eurer Vorstellung nach wohnen sollte, im Stadtzentrum oder in einem Vorort? Ihr seid schon lange mit mir zusammen; könnt Ihr Euch mich als Klempner oder als Postboten vorstellen? Ihr habt seit Jahren die Entwicklung unseres Kindes verfolgt; welche Schule würdet Ihr mir für es empfehlen?" Aber letztlich weiß ich, daß der kluge Freund mir die Entscheidung nicht abnehmen kann. Ich bin es, der umziehen muß und auf Jahre in einer neuen Umgebung wohnen wird. Ich bin es, der für geraume Zeit die Last einer neuen Tätigkeit tragen oder die Freude an ihr genießen wird. Unser Kind ist es, das sich der Schulbildung, die es prägen wird, unterziehen und mit ihren Ergebnissen zu tun haben wird. Die eigentliche Wahl ist und bleibt meine Wahl. Und manchmal ist sie so sehr die meine, daß ich mich schließlich entscheide, allem Rat, der mir erteilt worden ist, entgegenzuhandeln.

Und so werden wir daran erinnert, daß es ohne innere Freiheit keine Wahl gibt, die man verantworten kann. Niemand kann meine Entscheidungen treffen, weder meine engsten Freunde noch die erfahrensten Fachleute. Natürlich kann ich sowohl bei Freunden wie bei Fachleuten Hilfe suchen, aber ihre Meinungen dürfen mich nicht soweit beeinflussen, daß ich meine innere Freiheit einbüße. Das ist ziemlich klar; aber vielleicht nicht so klar ist die Notwendigkeit, auch von *unbewußten Motivierungen* gleich welcher Art frei zu bleiben, die mein Tun ohne mein Wissen oder Wollen bestimmen könnten. In den ersten Kapiteln dieses Buches beschreibe ich die Grundelemente, die beim Treffen einer Entscheidung mitspielen. In späteren Kapiteln will ich auf den Grundbegriff der inneren Freiheit zurückkommen, um die es jeweils geht, wenn ich meinen Kopf und mein Herz bei Entscheidungen einsetze.

Der Grundstein: Werte

Die Faktoren, aus denen sich der Entscheidungsvorgang zusammensetzt, sind schon im Spiel, wenn wir in einem Restaurant unsere Wahl von der Speisekarte treffen: die Zeit, der Verstand und unsere Emotionen, die wir als Gemüt bezeichnen. Aber eine Komponente fehlt uns noch.

Wenn das Leben von mir verlangt, daß ich Entscheidungen treffe, wäge ich die mir zu Gebote stehenden

Möglichkeiten normalerweise im Hinblick darauf ab, was mir wichtig ist. Was mich veranlaßt, bei der Auswahl meiner Speisen auf Cholesterin zu achten, ist der Wert, den ich sowohl verstandesmäßig wie auch gefühlsmäßig in der Erhaltung meiner Gesundheit sehe. Es ist der Wert, den ich in einer Stadt- oder Vorortwohnung erblicke, im Ausgeben oder Investieren großer Summen, in einem bestimmten Stil des Familienlebens, der mich leitet, wenn ich mir eine Wohngegend aussuche. Es ist der Wert, den ich auf Kreativität, auf ein besseres Gehalt oder auf gesellschaftlichen Status lege, der mich zum Berufswechsel führt. Es ist der Wert, den ich im Niveau der Studien, der Umgebung und der Bildung, der Persönlichkeit, die in unserem Kind heranreifen soll, sehe, die mich drängen wird, eher die eine als die andere Schule zu bevorzugen. Ich behalte während des ganzen Vorgangs, der mich auf meine Entscheidung vorbereitet und in ihr endet, ein Ziel im Blick, im Geist und im Herzen: das Ziel, meine Entscheidung im Lichte eines oder mehrerer Werte zu treffen. Andere mögen mit mir einer Meinung sein oder auch nicht, je nachdem, ob sie meine Werteskala verstehen und mit mir teilen oder nicht.

Was über die verschiedenen Faktoren gesagt worden ist, die beim Zustandekommen einer Entscheidung eine Rolle spielen, kann man in einen Satz zusammenfassen: Unter dem Einfluß unserer Werte setzen wir unseren Verstand und unser Gemüt ein, um in einer bestimmten Zeit unsere Entscheidung zu fällen.

Die Schemata im Anhang 5 erleichtern die Rekapitulation der Grundbegriffe.

***

Hier ist also nichts Geheimnisvolles oder Magisches am Werk. Wir haben nur schlicht und einfach die typische Struktur jeder ernstlich getroffenen menschlichen Entscheidung dargestellt. Das dabei angewandte Verfahren wollen wir *Abwägen* nennen.

Nun ist es angebracht, uns wieder dem zuzuwenden, was wir oben ausgeklammert haben: der religiösen Komponente, die für jemanden, der religiös gebunden ist, in einer Entscheidung mitgegeben ist. Für gläubige Menschen schließt der Begriff des Abwägens auch Gott ein. Infolgedessen wird Abwägen fortan in dieser Darstellung ein systematisches Vorgehen besagen, kraft dessen wir in einer bestimmten Zeit unseren Verstand und unser Gemüt im Einklang mit einer vom Glauben erleuchteten Wertordnung einsetzen. So ist denn dieses Buch ein religiöses Buch, doch werden, wie ich in der Einleitung gesagt habe, diejenigen, die sich zu keiner Religion bekennen, im weiteren Verlauf auf diesen Seiten eine Übersetzung der Methode in weltliche Terminologie finden.

Was geschieht also, wenn wir durch die Religiosität, den Glauben, Gott in das Verfahren einbeziehen, das wir analysiert haben? Vor allem ändert der Glaube das System nicht, das wir soeben beschrieben haben. Es wäre seltsam, wenn wir, um eine mit unserem Gottesglauben vereinbare Entscheidung zu treffen, die Rahmenbedingungen oder die Werkzeuge unbeachtet lassen, ablehnen oder verwerfen müßten, die sich aus unserem Menschsein ergeben. Sie sind Gaben aus der Hand des Schöpfers. Sogar tief gläubige Menschen müssen immer in einer bestimmten Zeit und mit ihrem Verstand und ihrem Gemüt vorgehen, wenn sie entdecken wollen, was sie den Willen Gottes in ihrem Leben nennen. Menschen, die die größten Inspirationen hatten, sind im Augenblick ihrer Entscheidungen vom Geist in einer bestimmten Zeit berührt und in ihrem Verstand und ihrem Gemüt angesprochen worden. Es geht nicht anders, denn wir können nichts anderes als Menschen sein. Wir leben in der Zeit und nehmen alles mit unserem Kopf und durch unser Herz auf. Das ist äußerst bedeutsam, denn es besagt, daß Gläubige und Ungläubige getreulich nach dem Wunsch Gottes handeln, sobald und solange sie ihren Kopf und ihr Herz in der Zeit nutzen, um Entscheidungen zu treffen. Und wenn sie das richtig tun, ist Gott „zufrieden".

Glaube und Werte

Wodurch bereichert denn der religiöse Glaube das Abwägen? Der Glaube bringt eine Skala von Werten mit sich, die für einen nicht gläubigen Menschen nicht immer selbstverständlich sind. Jede Offenbarungsreligion spricht von Gott auf eine Weise, die vom Milieu und der Bildung ihres Adressaten ihre Gestalt erhält. Daher drückt die Offenbarung das, wozu Menschen von Gott berufen sind, im Rahmen von deren eigener religiöser Überlieferung aus. So werden für Gläubige bestimmter religiöser Überlieferungen einige Werte verbindlich: Werte, die sie akzeptieren, wenn sie ihrem Gott treu bleiben wollen.

Gläubige Juden z. B. versuchen, daran zu denken, daß die Schöpfung uns in die Hände gelegt worden ist, und daß es auf uns ankommt, sie zur Vollendung zu führen trotz allem, was sie – nach den Worten eines französischen Philosophen – zu einer „gebrochenen Welt" macht. Gläubige Muslime wissen darum, daß Almosengeben einer der fünf Pfeiler ihres Glaubens ist, und versuchen in ihrem Alltagsleben, diese Grundwahrheit zu verwirklichen. Engagierte Christen versuchen, darauf zu achten, daß der Dienst an den Geringsten einen Vorrang besitzt, den man nicht bestreiten oder vergessen kann (Mt 25,31–46).

Natürlich können Menschen, die nicht an Gott glauben, sich für eine Rolle bei der Mitgestaltung der Schöpfung begeistern, sich an der Nächstenliebe als Richtschnur orientieren, den selbstlosen Dienst an den Unterdrückten hochschätzen, und viele tun dies. Aber für Juden, Muslime und Christen haben diese Werte ihr besonderes Gewicht, weil sie mit Gottes Offenbarung zusammenhängen.

Das ist so wichtig, daß die Ablehnung dieser Werte in den Augen dieser Gläubigen schlimmer ist als ein Fehler oder ein Versagen. Sie ist eine Sünde, die sich auf ihr Verhältnis zu Gott auswirkt und im äußersten Fall auf ihr ewiges Leben. Daher ändert der Glaube die Struktur des Abwägens nicht, sondern verleiht ihm noch einen weiteren Sinn. Wie Teilhard de Chardin es ausgedrückt hat, ist das, worum es für einen gläubigen Menschen geht, nicht mehr einfach menschliche Geschichte, sondern Gottes Absicht: „Uns aber geht es im wahren Sinn darum, den Triumph eines Gottes zu vollenden."[1] Die Einbeziehung in Gottes Absicht verleiht auch der Verantwortung der Gläubigen eine zusätzliche Dimension.

Und deshalb fühlen sich die Gläubigen, deren Tun mit ihrer religiösen Überzeugung im Einklang steht, gedrängt, ihr Verhältnis zu ihrem Gott zu vertiefen. Sie versuchen, die Botschaft Gottes und die mit ihr gegebene Wertordnung immer deutlicher zu erkennen. Das kann man erreichen durch das Studium der heiligen Texte, der Überlieferungen, der theologischen Systeme, der Ge-

---

1 Pierre Teilhard de Chardin, Der göttliche Bereich, Olten und Freiburg 1962, 57.

bräuche und des Lebens und der Schriften authentischer Zeugen – und durch Gebet. Solch ein Engagement durchdringt mit seinem Einfluß die geistige und affektive Haltung des gläubigen Menschen.

Glaube und Verstand

Wenn wir gläubige Menschen sind, besagt das nicht, daß unser Verstand sich auf Grund der Offenbarung, die wir akzeptieren, seiner Verantwortung entzöge oder seine Fähigkeit zu Analyse und Urteil überginge. Unser Verstand wird eher durch die Belehrung von Gott her erleuchtet. Ein Widerspruch zwischen dem menschlichen Verstand und Gottes Offenbarung ist unvorstellbar, denn Gott ist es, der uns beides gibt. Wir glauben vielmehr, daß Gott uns durch sein Wirken in uns hilft, richtiger zu denken, da Gottes Wort unseren Verstand vor vielen Fallstricken bewahrt: zum Beispiel vor dem Stolz der Vernunft, der beansprucht, ganz und gar Herr über die Wahrheit zu sein, vor dem Trug des Rationalisierens, der die Botschaften des Gefühls unterdrückt. Der Glaube prangert die Nichtigkeit an, die Geld und Macht innewohnt, und zeigt uns, wie wir sie z. B. zum Dienst an den Armen einsetzen können. So läutert und befruchtet der Glaube, was unserem Verstand auch so schon beachtlich und wertvoll erscheint. „Gleicht euch nicht dieser Welt an, sondern wandelt euch und erneuert euer Denken, damit ihr prüfen und erkennen könnte, was der Wille Gottes ist: was ihm gefällt, was gut und vollkommen ist," sagt Paulus (Röm 12,2). Dieselbe Hilfe wird auch unserem Gemüt zuteil.

Glaube und Gemüt

Wie schon unser Verstand, braucht auch unser Gemüt nicht zu kapitulieren, wenn der Glaube bei einer Entscheidung mitwirkt. Wenn Gott uns ein Herz gegeben hat, wäre es ungehörig, von uns zu verlangen, es unter Umständen aus dem Spiel zu lassen. Wie könnten Christen lieben, wenn sie das täten? Doch die christliche Offenbarung lehrt unser Gemüt, worum es der Liebe in Wirklichkeit geht. Wir müssen lernen, daß Liebe keine Gefühlsseligkeit ist. Sie ist Dienst. Das ist keine Absage an die Weise, auf die religiös nicht gebundene Menschen lieben, aber es ist für die Christen unter uns ein Hinweis auf eine andere Dimension von Liebe. Wir glauben, daß sie Gottes ureigenes Leben in uns ist. Wenn wir gemäß unserem Christenglauben lieben, „machen wir Gott anwesend", wie der französische Philosoph Maurice Clavel gesagt hat, weil wir die Liebe in diese Welt bringen.

Der Glaube läutert auch unser Gemüt. Er hilft uns, die Fallen, die Masken und die Tricks unserer Selbstsucht immer deutlicher zu erkennen. Wie z. B. die Täuschung, die durch einen irrigen Eindruck von Diensteifer entsteht, wenn wir *zu gut* oder *zu nett* sind oder Friedensstifter *um jeden Preis* sein wollen. Nichtgläubige können auf andere Weise zu denselben Erkenntnissen gelangen, aber wir Christen verlassen uns in dieser Hinsicht auf die Macht des Glaubens, weil Gott für uns die Liebe, die Liebe selbst und daher auf diesem Gebiet „Experte" ist (1 Joh 4,8). Wir können diesen Fachmann unbesorgt die Tiefen unseres Wesens ausleuchten lassen, da die Liebe voller Mitleid und Erbarmen ist. Wir brauchen nur dem Geiste Gottes in uns die größtmögliche Freiheit zu lassen. Es ist das Anliegen dieses Buches, diese Möglichkeit zu vergrößern.

Abwägen ist also ein Vorgang, der nach einem System und unter Berücksichtigung des Zeitfaktors zu einer Entscheidung führt. Er bedient sich des Verstandes und des Gemüts unter dem Einfluß von Werten, die vom Glauben erleuchtet und geläutert werden.

Jetzt muß ich also konkreter erklären, wie wir das alles bewältigen können. Ich werde den ganzen Vorgang Schritt für Schritt beschreiben: die Wegstrecke zwischen der Frage, die wir beantworten müssen, und der Antwort – die Reise und ihren Abschluß in einer Entscheidung. Doch wir müssen unser eigentliches Ziel kennen.

2. Kapitel

Abwägen ist Wählen mit Gott nach einer Methode

Wo können wir eine Kurzformel für unser letztes Ziel finden? Da die Menschen seit eh und je Entscheidungen getroffen haben, überrascht es nicht, das Problem des Abwägens schon auf den ersten Seiten der Bibel auftauchen zu sehen. Adam und Eva mußten abwägen...; aber es ist der Autor des Buches Deuteronomium, der Israel so etwas wie einen methodischen Grundsatz gibt, um dem Gottesvolk zu helfen, keine Fehlgriffe mehr zu tun und bessere Wahlen zu treffen als früher. Die Vergangenheit hatte dem Verfasser die bösen Folgen von Fehlentscheidungen gezeigt.

Unser eigentliches Ziel: Das Leben

Im Buch Deuteronomium (30,15–20) finden wir die Kurzformel, die wir brauchen. Gott erklärt, daß wir vor Leben und Tod stehen: „Hiermit lege ich dir heute das Leben und das Glück, den Tod und das Unglück vor... Leben und Tod lege ich dir vor, Segen und Fluch." Und der Herr fügt hinzu: „Wähle also das Leben."

Wir haben hier einen einfachen Grundsatz, der das Echo vieler Erfahrungen ist, die wir selbst schon gemacht haben. Unsere Entscheidungen haben uns manchmal zum Leben und manchmal zum Tode geführt. Zum Beispiel:

- Vor Jahren habe ich meinen derzeitigen Beruf gewählt. Ich weiß, daß ich meine Kräfte nicht richtig gemessen habe. Heute bin ich physisch und emotional am Ende. Der Streß und das Fehlen meines Familienlebens reiben mich auf.
- Der Stadtkern ist in ein Geschäftsviertel umgewandelt worden, in dem sich nur Büros befinden. Nach Büroschluß ist die Gegend leer und tot, bei Einbruch der Dunkelheit gefährlich. Warum wohne ich noch hier?
- Nach einer anfänglichen Eingewöhnungszeit ist unsere Tochter mit ihrer Schule sehr zufrieden. Ihr Vorstellungsvermögen, ihre Freude an Entdeckungen und ihre Kreativität werden gespeist und blühen wirklich auf.
- Wir wohnen jetzt außerhalb der Stadt. Die Stille und die Natur bringen uns Ruhe und Erholung. Wir fühlen uns jeden Morgen beim Erwachen völlig munter.
- Er ist als freiwilliger Helfer in ein Entwicklungsland gegangen. Die Einsamkeit, das Klima, das Essen, die Tatsache, Ausländer zu sein, wurden immer unerträglicher. Er bekam ein Magengeschwür, und jetzt leidet er unter Depressionen.

Das Buch Deuteronomium hat also recht: Jedesmal wenn wir eine wichtige Entscheidung treffen, wählen wir zwischen Leben und Tod. Es ist tatsächlich besser, das Leben zu wählen!

Eine Methode lohnt sich

Warum konnte der Verfasser des Buches Deuteronomium so klar und treffend ein Grundprinzip für Entscheidungen aufstellen? Vielleicht, weil er Jahrhunderte nach Mose geschrieben und die schlechten Früchte dessen gesehen hatte, wozu sich die Menschen vor seiner Zeit entschlossen hatten. „Jeder gute Baum bringt gute Früchte hervor, ein schlechter Baum aber schlechte" (Mt 7,17).

Aber können wir umhin, bis zur Ernte zu warten, da es dann doch zu spät sein könnte? Ist es möglich, ein systematisches Entscheidungsverfahren zu haben, das gute Früchte garantiert? Es ist unmöglich, im voraus mit absoluter Gewißheit zu versichern, daß das, was wir heute pflanzen werden, zu unserem eigenen Wohlbefinden und zum Wohlbefinden anderer gereichen wird. Wenn wir bei dem Bild von den Früchten bleiben, so können wir nicht ganz genau voraussagen, was das Wetter uns morgen bringt oder wie es sich auf unsere Pflänzchen auswirken wird. Wird es Wirbelstürme geben oder sanften Regen, Dürre oder eitel Sonnenschein? Wer kann das sagen? Doch wenn ein Bauer systematisch gute Bodenpflege treibt, die Obstbäume rechtzeitig schneidet, die richtigen Dünge- und Schädlingsbekämpfungsmittel verwendet und Vorkehrungen gegen Frost trifft, kann man normalerweise mit guten Erträgen rechnen. So verringert auch methodisches Vorgehen bei Entschlüssen die Risiken des Fehlentscheids und lenkt die Chancen zu unseren Gunsten. „Wähle das Leben" wird durch Anwendung einer Methode zu „Bahne dem Leben den Weg".

Wenn wir nach einer systematischen Abwägungsmethode vorgehen, begeben wir uns einer Art magischen Verhaltens, das sich zu sehr auf das verläßt, was man manchmal als Instinkt oder Spontaneität bezeichnet, manchmal sogar als Inspiration – wir werden noch sehen, daß Intuition etwas anderes ist. Wir machen unseren Kindern eine Spontaneität zum Vorwurf, die häufig Schwierigkeiten und sogar Unfälle verursacht; doch merkwürdigerweise handeln wir selbst oft impulsiv und wenig überlegt. Es ist, als sagten wir uns: „Schau nicht hin, bevor du springst!", weil wir sicher sind, daß unser Instinkt oder unsere Inspiration unmittelbar von Gott herrührt. Meistens hat dieses Verhalten seinen Grund darin, daß wir uns von unseren oberflächlichsten Gefühlen leiten lassen, deren Wert und Richtigkeit fraglich sind. Wir vergessen, daß die Inspiration für Menschen wie Wissenschaftler und Erfinder, Musiker und Künstler die Frucht einer langen Zeit systematischen Suchens, Überlegens und Nachdenkens ist.

Wie ist es aber um die sogenannten Mystiker bestellt? Sind sie nicht typisch für eine plötzliche und mächtige Inspiration? Wie war es denn trotz allem mit Saulus auf dem Wege nach Damaskus? Tatsächlich hat die Offenbarung Saulus mit ihrer ersten Blüte recht plötzlich erreicht. Aber es hat lange gedauert, bis die Frucht sich zeigte: Es waren drei lange Jahre einer systematischen Schwangerschaft im Schoße Gottes und der Kirche, bis Paulus als der Mensch entbunden wurde, den wir jetzt kennen (Gal 1,11–24). Jede reife Frucht hat, wenn sie schließlich geerntet und geboren wird, eine Reifung durchgemacht, die oft durch methodische Wehen erreicht wird.

Unglücklicherweise lassen die Ereignisse uns häufig nicht viel Zeit zum Planen. Nützt eine Methode unter diesen Umständen überhaupt etwas? Wenn in einem Hotel, in dem wir übernachten, Feuer ausbricht, tun wir, was wir können, um ihm zu entrinnen, und das so schnell wie möglich. Allerdings ist auch hier Methode sehr angebracht. Wenn wir im voraus und systematisch den Lageplan des Gebäudes, der normalerweise an der Tür aushängt, gelesen und genau studiert haben, werden wir unseren Fluchtweg schnell finden können. Soldaten werden vor der Entsendung an die Front systematisch gedrillt, damit sie sich die richtigen *Reflexe* für plötzliche Feuerüberfälle aneignen. (Auch hier ist es unmöglich, zu garantieren, daß die Ausbildung immer für jeden einzelnen Soldaten ihren Zweck erfüllt. Ohne Ausbildung wäre sein Verhalten jedoch problematisch.) So wird eine Methode uns mit der Zeit zu Reflexen verhelfen, kraft derer wir das Leben und nicht den Tod wählen.

Der Vorteil einer Methode beim Aufbau des Abwägungsvermögens wird bei einiger Überlegung ersichtlich. Die Flugzeuge oder Autos, die in zehn Jahren auf den Markt kommen, werden jetzt schon in den Entwicklungsabteilungen methodisch geplant. Das Leben von Astronauten hängt von monatelangen systematischen Vorausberechnungen der Flüge und von wissenschaftlichen und technischen Versuchen ab. Wir eignen uns nur dann ein Kochrezept an, wenn wir es mehrfach systematisch ausprobiert haben. Und doch sind wir bereit, unser Leben aufs Spiel zu setzen, indem wir instinktiv ohne den Vorteil einer Methode Entscheidungen treffen! Das Treffen von Entscheidungen ist nicht mit dem Aufgießen von Pulverkaffee zu vergleichen; hier steht viel mehr auf dem Spiel – Leben und Tod –, wie das Buch Deuteronomium sagt.

Jetzt sind wir auf unserer Reise so weit gekommen, daß wir praktisch alles festgestellt haben, was zum Abwägen gehört: Die Zeit ist der Rahmen, Verstand und Gemüt sind die Werkzeuge, vom Glauben erleuchtete Werte sind der Grundstein. Und das Buch Deuteronomium hat den entscheidenden Grundsatz beigesteuert: Wählt das Leben anstatt des Todes. Jetzt verstehen wir, daß es sicherer und lohnender ist, eine Methode zu erlernen und anzuwenden, als impulsiv zu handeln.

In den folgenden Kapiteln beschreibe ich, wie wir methodisch Verstand und Gemüt unter dem Einfluß unserer von unserem Christenglauben erleuchteten Werte einsetzen können, um bei unseren Entscheidungen das Leben und nicht den Tod zu wählen.

Ich möchte betonen, daß die Gedanken, die ich entwickeln werde, einzig und allein die Abwägung betreffen, die ein Mann oder eine Frau allein durchführt, um zu seinen oder ihren persönlichen Entscheidungen zu gelangen. In späteren Kapiteln will ich eine Anwendungsmöglichkeit derselben Methode für den Fall einer Gruppe darlegen, die eine gemeinsame Entscheidung treffen will.

Fragen

Es könnte hier nützlich sein, die Komponenten des Abwägens, die wir untersucht haben, kurz in Fragen zusam-
menzufassen. Soweit haben wir von der Zeit, dem Verstand (Kopf),[2] dem Gemüt (Herz),[2] von Werten, dem
Glauben, einem Grundsatz und einer Methode gesprochen.

Zeit

Früher:
- Wo habe ich unnütze Ängste und Sorgen ausgestan-
den, weil ich meine Entscheidung zu lange aufgescho-
ben habe?
- Welche Entscheidungen haben keine gute Frucht ge-
bracht, weil ich sie zu schnell getroffen habe?
- Unter wieviel Druck habe ich mich gesetzt, um eine
Sofortlösung herbeizuführen?

Heute:
- Wieviel Zeit will ich mir im Hinblick auf den Wich-
tigkeitsgrad einer Entscheidung für sie gönnen?
- Wenn ich dazu neige, eine Entscheidung aufzuschie-
ben – in Wirklichkeit andere Menschen oder Ereignisse
für mich entscheiden zu lassen –, wie kann ich da verhü-
ten, daß diese Neigung die Oberhand gewinnt?
- Was ist mein eigenes Tempo bei Erledigungen; ist es
eher schnell oder langsam? Wie kann ich das ändern?

---

2 Berücksichtige ich die beiden Seiten meines Gehirns? (Vgl. Roger H.
Sperry, Nobelpreisträger in Medizin, 1981) Falls ich ein Verstandes-
mensch bin: Was tue ich, um auf meine Gefühle zu hören; falls ich ein
Gemütsmensch bin: Wie nutze ich zum Ausgleich das Vernunftdenken?

Kopf

Früher:

- Wozu hat es geführt, wenn ich mich impulsiv entschlossen habe? Woran hat es, in Kategorien des Vernunftdenkens ausgedrückt, gefehlt?

Heute:

- Welcher Vernunftmethode werde ich folgen, wenn ich vor einer fälligen Entscheidung stehe?

Herz

Früher:

- Was ist passiert, wenn ich Entscheidungen getroffen habe, ohne mein Herz zu Rate zu ziehen? Was habe ich nachher empfunden, kurzfristig? langfristig?

Heute:

- Wie berücksichtige ich meine instinktiven Reaktionen, wenn ich jetzt eine Entscheidung treffe?

Werte

Früher:

- Welche Werte schätze ich am meisten? Wie habe ich bei meinen jüngsten Entscheidungen ihre Hierarchie beachtet?

Heute:

- Welche Werte spielen bei der Entscheidung, vor der ich augenblicklich stehe, eine Rolle? Wie vertragen sie sich mit meinen eigenen? Wie kann ich bei meiner Entscheidung zu meinen Werten stehen?

Glaube

Früher:
- Welche Rolle hat mein Glaube bei meinen jüngsten Entscheidungen gespielt?

Heute:
- Wie werde ich Gott bei meinen anstehenden Entscheidungen zu Rate ziehen?

Grundsatz

Früher:
- Welche meiner Entscheidungen sind leben-spendend gewesen? Welche Entscheidungen haben zum „Tode" geführt?

Heute:
- Warum scheinen mir einige der Entscheidungen, vor denen ich jetzt stehe, „stimulierend" oder „lähmend" zu sein?

Methode

Früher:
- Wie sehr haben meine früheren Entscheidungen einem Poker-Spiel geähnelt?
- Welche meiner spontanen „Inspirationen" sind wirklich auf Dauer fruchtbar gewesen?

Heute:
- Welcher Methode kann ich mich bei meinen künftigen Entscheidungen anvertrauen?

ZWEITER TEIL

Ein einzelner Mensch wägt für sich selbst ab

1. Kapitel

Wie man Kopfarbeit leistet

Im Buch Deuteronomium, Kapitel 30, trägt Gott dem Volk Israel auf, „seine Gebote, Gesetze und Weisungen" zu halten. Das Buch Deuteronomium ist als Ganzes eine Rede, die darauf abzielt, den Verstand des Lesers in mehrfacher Hinsicht zu unterweisen: zunächst durch eine neue Deutung der Geschichte Israels, des Gottesvolkes, zu der jetzt auch noch die Erfahrung seines Versagens gehört; dann durch die Neufassung der Bundesurkunde, der Zehn Gebote (Dtn 5); und schließlich durch die deuteronomische Gesetzessammlung. Sie ist das Gesetz, dessen Kern die Zehn Gebote sind, die für die Werte eintreten, mit denen wir alle vertraut sind. Der Verfasser führt den Inhalt dieses Gesetzes weiter aus und gibt noch viele andere Richtlinien, bei denen es um reine und unreine Tiere, um jüdische Sklaven, um die Ehe und andere Bereiche des Lebens geht. Das Gesetz muß bekannt sein, damit man es in die Tat umsetzen kann. Nach diesem Beispiel wollen wir uns auf den Kern des christlichen Glaubens besinnen, den unser Verstand kennen und auf jedes Abwägen anwenden soll, um eine Entscheidung zu treffen, die zum Leben führt.

Unsere christliche Berufung: Agape

Als Christen glauben wir, daß Gott uns durch Christus erlöst und uns den Geist gegeben hat. Zu Gottes Söhnen und Töchtern geworden, führen wir dasselbe Leben wie Gott kraft des Geistes: Liebe, *Agape*. Agape ist der griechische Ausdruck, den die Verfasser des Neuen Testaments verwenden, wenn sie von der Liebe sprechen. Agape heißt Lieben, aber Lieben als Handeln und Wirken für das Wohl und Gedeihen anderer. Da sehen wir, daß die eigentlich christliche Auffassung von Liebe mit dem in der Darstellung der Medien geläufigen Bild von Liebe wenig zu tun hat. Sie kann einfühlende Wärme enthalten oder auch nicht, denn vor allem ist sie Dienst. Lieben bedeutet nicht notwendigerweise Zuneigung. Deshalb konnte Jesus sagen: „Liebt eure Feinde." Es ist immer möglich, einem anderen zu dienen, selbst jemandem, der uns unsympathisch ist (Mt 5,43–48). Jesus hat das Gesetz und die Propheten in einem neuen Gebot zusammengefaßt und uns angewiesen, unseren Nächsten so zu lieben, wie er es getan hat. In der Schule unseres Glaubens belehrt, wissen wir also verstandesmäßig, daß es an uns ist, das Leben zu wählen und in alle unsere Entscheidungen die Agape einzubeziehen (Phil 1,9f.). Wir müssen Jesus nachahmen, handeln, wie er gehandelt hat, wie Paulus sagt, da er für uns der wahre Mensch war und noch ist, der den Geist der Agape völlig frei in sich walten läßt (Phil 2,5).

Jesus, die leibhaftige Agape in Vollendung

Das Verhalten Jesu, das eine liebevolle Einstellung beweist und uns lehrt, was handeln aus Liebe wirklich bedeutet, wird aus vielen Texten der Heiligen Schrift ersichtlich: z.B. in den Seligpreisungen und dem urkirchlichen Hymnus, den Paulus im Philipperbrief aufgezeichnet hat (Mt 5,2–12; Phil 2,5–11). In unserem Anliegen wollen wir uns ein anderes „Lied" anschauen, das aus dem Mund eines Gegners, des Kajaphas, stammt. Johannes betont

42

mit seinen eigenen Worten, daß aus ihm die Wahrheit erklingt: „Das sagte er nicht aus sich selbst; sondern weil er der Hohepriester jenes Jahres war, sagte er aus prophetischer Eingebung, daß Jesus für das Volk sterben werde – und nicht nur für das Volk, sondern auch, um die versprengten Kinder Gottes wieder zu sammeln" (Joh 11,51 f.).

Das ist das Jesusbild, bei dessen eingehender Betrachtung wir auf die vier Melodien hören wollen, die ständig das Leben Christi durchziehen – Melodien, die typisch sind für ein Menschenleben, das sich ganz vom Geist der Agape leiten läßt. Warum das Wort *Melodie*? Weil nur ein dichterisches Bild der Liebe gerecht werden kann. Die Liebe, von der hier die Rede ist, sperrt sich gegen jede Definition. Die vier Melodien, auf die ich zu sprechen komme, spielen auf die vier Stimmen an, die man in einem mehrstimmigen Stück singt: Sopran, Alt, Tenor und Baß wie in Händels *Messias*. Wem war an Weihnachten der Halleluja-Chor keine Freude?

Die vier Melodien der Agape

„Jesus" ist die Melodie der Menschwerdung.

Für die Christen unter uns ist das Wort *Jesus* der persönliche Name des Gottessohnes, der ein ganz bestimmter Mensch, ein Mann aus einem ganz bestimmten Ort, Nazaret in Palästina, gewesen ist. Er hat in einer vorgegebenen Tradition und Zeit gelebt und ist um das Jahr 33 in Jerusalem gestorben. In diesem einen Wort fassen wir die ganze christliche Offenbarung zusammen: Gottes Wort ist Fleisch geworden durch die *Menschwerdung* (Joh 1,14; Phil 2,6 f.).

In seiner Selbstentäußerung hat das Wort Gottes unser Menschsein kennengelernt und in allem angenommen – außer der Sünde, sagt der christliche Glaube (Phil 2,7). Die Evangelien beschreiben Jesus als jüdisches Baby und als einen Mann wie jeden anderen. Wir sehen ihn essen und trinken, weinen oder jubeln, müde oder zornig, versucht, von Angst gepackt, im Leiden und im Sterben. Er spricht Aramäisch und lebt so, wie es in seiner Umgebung und in seiner Religion üblich ist. Er ist wirklicher Mensch und wurzelt in allen Pflichten, Beschränkungen und unserer ganzen physischen, gesellschaftlichen und geistlichen Wirklichkeit, wie sie seiner Zeit, seiner Kultur und seinem Herkommen entsprechen.

Die erste Melodie, die man im Leben Jesu vernehmen kann, ist also die *Menschwerdung*. Viele Stellen in den Evangelien haben die Menschwerdung im Auge und liefern uns ein Bild des Menschen aus Nazaret, der Gottes Leben führt.

Die Totenklage für Jesus lautet: Er „sei des Todes"

Wir Christen behaupten, daß Jesus, die Gott-Agape, die einer von uns geworden ist, sein Leben dazu verwandt hat, auf zweierlei Weise zu lieben: sich an die Menschen *zu verschenken* und ihnen *preisgegeben zu werden* bis zum Tode.

Das Verschenken besagt die Initiative und die Gewalt des Schenkenden. Jesus schenkt ständig bis zum Ende. Jesus schenkt seine Lehre und seine Zuwendung, seine Gegenwart und seine Zeit. Er speist die Menschen sogar bis zur Hingabe seines Leibes und seines Blutes unter der Gestalt von Brot und Wein. Schließlich macht er sein Leben zum Geschenk (Joh 13,1).

Mag die Selbstpreisgabe wohl auch bei dem- oder derjenigen beginnen, die sich preisgeben; die Gewalt über das Geschehen liegt doch beim Empfänger der Gabe. Jesus wird preisgegeben, als Baby anderen in die Arme gelegt, als Gestalt des öffentlichen Lebens, als überführter, gefolterter und hingerichteter Verbrecher. Die Worte „Vater, in deine Hände empfehle ich meinen Geist" fassen seine Hingabe und Preisgabe zusammen. Die vollendete Agape schließt die Selbstpreisgabe in die Hand des anderen ein.

Der Hymnus auf sein universales Wesen erklingt in seinem Sterben „nicht nur für das Volk, sondern... [für] die... Kinder Gottes".

Diese Feststellung des Johannes dehnt das im Leben und im Tode Jesu vollbrachte Erlösungswerk eindeutig auf alle Völker aus, weit über die geläufige jüdische Vorstellung vom auserwählten Gottesvolk hinaus. Christus ist der Erlöser der Menschheit in ihrer *Gesamtheit*. Gewiß, das hatte seine Wurzeln schon im Segen über Abraham, aber es wurde offenbar im Erleben der Urkirche und von Paulus auf eine Formel gebracht, als er schrieb: „Es gibt nicht mehr Juden und Griechen, nicht Sklaven und Freie, nicht Mann und Frau" (Gal 3,28).

Wenn wir sehen wollen, wie sich diese Eigenschaft im Leben Jesu auswirkt, stellen wir fest, daß er nie jemanden zurückweist. Er nimmt Häretiker und bekannte Sünder wie die Samariter und den Zöllner Zachäus mit offenen Armen auf. Er ist da für Heiden oder Pharisäer wie die kanaanäische Frau, den römischen Hauptmann oder Simon und Nikodemus. Ihm sind Aussätzige, arm und reich, Frauen und Kinder willkommen. Er ist da für Amtsträger und Ausgestoßene wie Jairus oder Besessene. Und unter die Zwölf nimmt er Matthäus und Simon auf, obgleich der Steuereinnehmer doch für die Römer gearbeitet und der Eiferer gegen sie gekämpft hatte.

Ein Hymnus auf die Eintracht erklingt,
denn er ist gestorben, „um die versprengten Kinder
Gottes wieder zu sammeln".

Die Sendung Jesu hat der Aussöhnung gegolten: der *Eintracht* aller mit Gott und miteinander. Wie Paulus sagt, „... seid ihr alle ‚einer' in Christus Jesus" (Gal 3,28).

Es stimmt, daß seine Botschaft und sein Tun die Juden entzweit, wie wir z. B. in Johannes 7,11 ff. 40–44 feststellen können, aber er sucht erwiesenermaßen Eintracht unter den Menschen. Die meisten seiner Wunder gliedern den Menschen, den er heilt, wieder in die Gesellschaft ein. Und seine Lehre betont oft das ideale Hilfsmittel zur Erreichung von Aussöhnung und Eintracht, die Vergebung. Eindringlich äußert er sein sehnliches Verlangen mit den Worten: „Jerusalem, Jerusalem, ... wie oft wollte ich deine Kinder um mich sammeln, so wie eine Henne ihre Küken unter ihre Flügel nimmt, aber ihr habt nicht gewollt!" (Mt 23,37). Dieser Wunsch wird in der Urkirche in größerem Ausmaß in Erfüllung gehen, als er in seinem Einwand der kanaanäischen Frau gegenüber anscheinend voraussehen kann (Apg; Mt 15,24).

Dier vier Abwägungskriterien

So begreift unser vom Glauben erleuchteter Verstand durch das Verhalten Jesu, wie ein vom Geist der Agape durchdrungenes Menschenleben aussieht. Dieses Leben ist es, dessen Wahl uns in unseren Entscheidungen aufgegeben ist. Und weil wir glauben, daß eben dieser Geist

Jesu in uns wohnt, können wir mit unserem Verstand die Alternativen erkennen, die es uns eher ermöglichen, gemäß diesem Geist der Liebe zu leben (1 Kor 3,16). Wir können die *vier Kriterien* anwenden, die wir aus dem ableiten, was wir in den Evangelien entdeckt haben, um uns ein Urteil über die verschiedenen Alternativen zu bilden, die sich uns darbieten.

Unser Verstand hat die Aufgabe, die Lösung zu finden, in der sich uns die bessere Chance bietet, *als leibhaftiger Christ gebend* und *preisgegeben*, *universal* und *in Einheit verbunden* zu sein.

Eine Möglichkeit, die vier Kriterien bei unserem Abwägen einzusetzen, besteht darin, daß wir uns jeweils gewisse Fragen stellen, wenn wir vor einer Wahl stehen.[1] Die Fragen kann man z. B. so formulieren:

Welche Lösung wird mir Gelegenheit geben, als leibhaftiger Christ
- der zu sein, der ich bin, und sonst niemand;
- andere so sein zu lassen, wie sie sind, und nicht, wie ich sie lieber hätte;
- die Tatsachen so zu akzeptieren, wie ich sie durch eine ernsthafte und objektive Untersuchung erkenne;
- das „Hier und Jetzt" der Situation, mit der ich zu tun habe, zu akzeptieren?

Welche Lösung wird es mir ermöglichen, zu geben und preisgegeben zu werden:
- zu geben, was ich habe und wer ich bin;
- preisgegeben zu werden durch Offenheit, Zugänglichkeit und Wehrlosigkeit;

---

1 Der „Mehr über die vier Kriterien" überschriebene Anhang bringt eine ausführlichere Liste möglicher Fragen.

Welche Lösung wird mich persönlich so weit für eine universale Haltung in Raum und Zeit erschließen, daß ich wage,

- offen zu sein für alle Bereiche meines Seins und meines Lebens;
- offen zu sein für alle Strömungen in der Gesellschaft, in der ich lebe, seien sie vergangen, gegenwärtig oder zukünftig;
- offen zu sein für alle Menschen meiner Umgebung?

Welche Lösung wird es mir am ehesten ermöglichen:

- mit mir selbst eins zu sein und ausgeglichen zu leben;
- in den verschiedenen Vereinigungen mitzumachen, denen ich angehöre;
- Bande zu knüpfen unter den Menschen, mit denen ich zusammenkomme, und Einheit unter ihnen und mit ihnen aufzubauen;
- mich gegen jegliche Diskriminierung zu wehren und für Aussöhnung einzusetzen und dabei die Menschen in ihrer Andersartigkeit zu achten?

Auf diese Weise wird mein Verstand, wenn ich vor zwei Alternativen stehe, das Leben wählen durch die Lösung, die am ehesten den vier Kriterien entspricht und so die beste Möglichkeit bietet, dem Geist zu folgen und die Agape zu leben.

Perfektionismus, Heroismus oder christlicher Realismus?

Wir glauben, daß Jesus Christus das vollkommene Ja zur Agape gewesen ist, und das ein für allemal (2 Kor 1,18). Wie steht es aber mit uns? Ist der Abwägungsprozeß, den wir beschrieben haben, nur ein unerreichbares christliches *Ideal*? Nein, denn dann würden wir sagen, Gott hielte uns durch Christus zum Narren. Wir glauben, daß Gottes Geist in uns wirkt mit Achtung vor unserem Menschsein, vor den Begrenzungen der Menschenwesen, die wir sind, und vor der Notwendigkeit, zu wachsen, bis wir sterben. Wir sehen unser Leben als eine Geschichte, die nie ganz zum Ziel gelangt, die zwar immer *unvollendet*, aber stets auch von der Dynamik und der Kraft der Agape durchdrungen ist. Das erleben wir Tag für Tag: Wir sind der Teig, der unaufhörlich von der Hefe der Liebe aufgetrieben wird (Mt 13,33).

Dieses Bewußtsein räumt auf mit der ungesunden Neigung zum Perfektionismus und ermöglicht uns beim Versuch abzuwägen, mit unserem Verstand auf dem Boden der Wirklichkeit zu bleiben. Statt uns zu fragen, welche Lösung uns die Möglichkeit bietet, als leibhaftiger Christ gebend und preisgegeben, universal und in Eintracht verbunden zu sein, wollen wir uns lieber eine bescheidenere Testfrage stellen, die ganz bewußt den Gedanken des Wachstums einschließt. Die Formulierung der klügeren Frage könnte so lauten:

Welche Lösung wird mir eine Gelegenheit bieten, *noch einen Schritt* zu tun in Richtung auf meine Menschwerdung, mein Geben und Preisgegebenwerden, universales Wesen und einträchtige Verbundenheit?

Nur *einen Schritt voran* zu tun: diese Textkorrektur öffnet einen Ausweg aus zwei Versuchungen. Erstens bewahrt sie uns davor, uns der Agape in unserem Leben mit der Ausrede zu versagen: „So hoch kann ich nicht fliegen", und die Verpflichtung zur Liebe in der Welt auf fremde Schultern abzuladen – was wir wohl angesichts der Leistungen außerordentlicher Zeugen tun könnten. Zweitens bekämpft sie die verführerische und stolze Ver-

49

lockung, die glänzende Leistungen und heroische Tugenden für uns darstellen; sind wir doch nicht zu geistlichen Olympiaden berufen. Wenn es ziemlich banal zu sein scheint, jeweils nur einen Schritt zu tun, wollen wir uns vor Augen halten, daß der Sohn Gottes neun Zehntel seines Lebens als einfacher Mensch wie alle anderen, als Zimmermann in Nazaret, verbracht hat, und daß das Evangelium darauf hinweist, daß auch er herangewachsen ist (Lk 2,40.52).

Diese kleine Korrektur ist anscheinend belanglos, aber sie gibt uns die Möglichkeit, uns da zu akzeptieren, wo wir sind, und nicht da, wo wir gern wären und nicht sein können. Wenn wir wirklich nicht weiter ausschreiten können, so verlangt Gott von uns sicher nicht das Unmögliche. „Seht, das ist mein Knecht, den ich erwählt habe... Das geknickte Rohr wird er nicht zerbrechen und den glimmenden Docht nicht auslöschen" (Mt 12,20; Jes 42,1.3). Ja, unsere Korrektur läuft auf Wachstum hinaus, aber auf ein Wachstum, das wirklich für jeden möglich ist. Deshalb bejaht sie auch die Fähigkeit jedes einzelnen von uns, Gottes Aufruf zur Agape zu entsprechen. Sie macht z. B. deutlich, daß Menschen, die gesellschaftlich oder psychisch den Anforderungen des Lebens nicht gewachsen sind, lieben können, wenn man sie so nimmt, wie sie sind. Ein Ehebrecher (oder ein Zöllner, Mt 21,31) und ein geistig behindertes Kind können in der Liebe immer noch um einen Schritt voranschreiten – ausgehend von dem Punkt, an dem sie stehen, und nicht von dem, an dem sie sich amtlichen, formellen oder üblichen Maßstäben nach befinden sollten. Bei Menschen mit Gemütsleiden oder Geisteskrankheiten kann dieser eine Schritt sogar in einer mehr oder weniger bewußten Absicht bestehen, die nur Gott bekannt ist. Selbst seine Bekundung nach außen kann relativ unsichtbar oder nicht unseren gewohnten weltlichen oder geistlichen Maßstäben gemäß sein. Der Herr „richtet nicht nach dem Augenschein" (Jes 11,3). Wenn wir dazu neigen, das Gewissen irgendeines Menschen zu richten oder zu verurteilen, wird die Erinnerung an den einen Schritt voran diese Versuchung beseitigen.

Schließlich bringt der eine Schritt voran uns wieder dahin, in jedem Tun, sogar im geringfügigsten, die Agape zu leben. Jesus selbst hat gesagt: „Wer in den kleinsten Dingen zuverlässig ist, der ist es auch in den großen" (Lk 16,10). Im vorliegenden Fall war von Geld die Rede, aber man kann Jesu Bemerkung auf alles anwenden. Seine Worte berechtigen zu der Hoffnung, daß, wenn die Ereignisse eines Tages von uns Heroismus verlangen, unsere Treue zur Agape in den kleinen Alltagsbelangen uns die Kraft geben wird, die wir brauchen, um bis zum Ende zu lieben.

Ähnlicherweise kann man das, was wir soeben im Hinblick auf Menschen gesagt haben, auf Situationen, Umstände oder Milieus anwenden. Auf den ersten Blick möchten wohl viele abstreiten, daß man während eines Streiks, mitten im Krieg oder in einem Gefängnis das Vorhandensein von Liebe feststellen könne, da diese Ereignisse oder Stätten voller Streit und Gewaltsamkeit sind. Doch das wäre eine irrige Annahme: Wenn Christus zur Hölle abgestiegen ist, wie wir gläubig bekennen, kann er durch seinen Geist überall sein – wie ein deutscher Theologe vor Jahren geschrieben hat. Keine Situation, kein Ort ist so abstoßend, daß man keinen Anfang setzen und nicht noch einen Schritt in der Liebe voranschreiten kann. Auch nicht einer von uns – Streikender, Soldat, Gefangener, Gefängniswärter, Politiker, Diplomat, Geschäftsmann – befindet sich je in einer Umgebung oder in einer Lage, in der eitel Harmonie herrscht.

Trotzdem ist es, mag es auch eine Herausforderung für unseren Ideenreichtum sein, immer möglich, noch einen Schritt in Richtung auf das Leben und die Liebe zu tun. Und wenn wir dem Geist der Liebe im Einklang mit den Melodien der Agape freie Hand lassen, ist es denkbar, daß wir einen zögernden Schritt sogar in einen Freudentanz verwandeln könnten (Zef 3,17).

Ein fünftes Kriterium

So können wir uns denn, wenn wir vor mehreren Alternativen stehen, unter Einsatz unseres Verstandes und mit Hilfe unseres Glaubens für den Weg des Lebens, den Weg der Agape, entscheiden. Wieso ist dann die Geschichte voll von den Fehlern, die Christen begangen haben? Jesus hat die Seinen gewarnt: „Gebt acht, daß euch niemand irreführt! Denn viele werden unter meinem Namen auftreten und sagen: Ich bin der Messias!, und sie werden viele irreführen" (Mt 24,4f.). Die Warnung hat man nicht immer beherzigt, und Christen und Nicht-Christen haben in Selbsttäuschung oder von anderen getäuscht den Weg des Todes gewählt. Woran hat es ihnen beim Abwägen gefehlt?

Nehmen wir den etliche Jahre zurückliegenden Fall eines europäischen Landes, in dem es Menschen gegeben hat, die äußerst leibhaftig waren – sehr ihres gemeinsamen Erbes, ihrer Kultur und ihrer Werte bewußt. Sie haben bei Sammlungen viel gegeben und sind bereitwillig bis zur Preisgabe ihres Lebens gegangen, so daß viele für ihr Volk gestorben sind. Zweifellos haben sie untereinander eine starke Verbundenheit empfunden – ihr Wahlspruch war: „Ein Volk, ein Reich, ein Führer." Tatsächlich sind ihnen, neben anderen, auch viele Christen auf den Leim gegangen. Sie merken, daß hier von den Nazis in Deutschland zwischen 1933 und 1945 die Rede ist. Was hat man christlicherseits beim Abwägen versäumt, daß so viele von Hitler getäuscht werden konnten?

Das *Fehlen einer der vier Melodien* kann zum Nachäffen christlichen Verhaltens führen. Die Nazis waren z. B. ihrem Wesen nach nicht universal: Sie wollten einige politische, ethnische und religiöse Gruppen wie Kommunisten, Zigeuner und Juden ausrotten; sie wollten die Welt erobern und jedermann ihrer Diktatur unterwerfen. Ihnen fehlte das Kriterium der Universalität. Wir müssen daher, wenn wir vor dem Treffen einer Entscheidung unsere Alternativen untersuchen, alle vier Kriterien miteinander beachten. Wenn in einer unserer in Aussicht genommenen Lösungen eines der vier Kriterien fehlt, könnte sie vielleicht nur eine Attrappe sein, die uns unter Umständen nicht zum Leben führt. Hier haben wir also ein fünftes Abwägungskriterium: Man kann die Agape nicht in Stücke aufteilen und dann eines davon unberücksichtigt lassen. Wir müssen unbedingt *die vier Kriterien als ein Ganzes anwenden.* Sicher kann man eine der Melodien je nach Zeit, Ort und Umständen besonders hervorheben, aber sie müssen alle vier vorhanden sein wie im vierstimmigen Satz eines Bach-Chorals. Keine Komponente darf fehlen. Wir könnten, um ein anderes Bild zu verwenden, diese Art von Vollständigkeit oder Ganzheit mit den verschiedenen Zeiten des Jahres vergleichen: Jede Zeit betont ihre eigene Melodie, aber man muß alle Sätze der Symphonie spielen, die die Agape *in ihrem ganzen Umfang* erklingen läßt.

Als er seinen Christen diese Prüfung der Geister nachdrücklich empfahl, hat Paulus uns schon gesagt, daß das „Reden mit Menschen- und Engelszungen wie auch... der Besitz der Prophetengabe und jeglicher Erkenntnis... und einer Glaubenskraft, die Berge versetzen könnte, ...und das Verschenken der ganzen Habe zur Speisung der Armen... und die Auslieferung des Leibes zur Verbrennung im Feuer" niemals eine Echtheitsgarantie darstellen (1 Kor 13). Wir können nur der Agape trauen.

Aber wir müssen unsere Verstandesarbeit noch ergänzen

Ich möchte hier im Überblick wiederholen und zusammenfassen, was ich bisher über die Verstandestätigkeit beim Abwägungsvorgang gesagt habe.

• Wenn in unserem Leben eine Entscheidung fällig wird, ist es, als wären wir an eine Straßenkreuzung gelangt. Wir müssen eine Wahl treffen und den Weg einschlagen, der für diejenigen von uns, die Christen sind, zum Leben, zur Agape, führt.

• Nachdem wir uns über unsere Alternativen klar geworden sind, besinnen wir uns in großen Zügen auf unsere christliche Berufung, die allgemeine Reiseroute (andere müssen sich auf die Werte ihrer eigenen Überlieferung besinnen). Das tun wir, weil der spezifische Weg, den wir hier und jetzt einschlagen werden, in diese Richtung führen muß. Sonst wird die ganze Reise schon problematisch, bevor wir sie überhaupt antreten.

• Dann sichten wir mittels unseres Verstandes die Lösungsmöglichkeiten unter Anwendung der vier Kriterien, die unsere vom Glauben erleuchteten und geläuterten Werte uns bieten. Wir prüfen sorgfältig jede Route im Lichte eines jeden von ihnen, ohne eines auszulassen. Es geht uns darum, die Route zu finden, auf der wir zur

Agape (oder zur Verwirklichung unserer Werte) gelangen können. Da wir wissen, daß kein Weg vollkommen ist, unser Wagen eine Panne haben könnte und unterwegs unvorhergesehene Ereignisse eintreten könnten, die sich unserem Einfluß entziehen, bemühen wir uns, abzuwägen, so gut wir nur können.

• Haben wir die Route gefunden, entschließen wir uns und machen uns auf den Weg.

Hier ist ein gutes Beispiel für die Rolle des Verstandes beim Entscheiden. Andrew, einer meiner Oberstufenschüler, hat mir erzählt, wie er zu seiner besonderen Berufswahl gekommen ist:

• Geleitet vom Wunsch, seinen Horizont zu erweitern und sich nützlich zu machen, wollte er als Entwicklungshelfer nach Afrika gehen.

• Lektüre und Fernsehen, aber auch Lehrveranstaltungen in der Schule hatten seinen Blick für die Verhältnisse in der Dritten Welt sehr geschärft. Er wußte z.B., daß Lesen und Schreiben noch nicht Allgemeingut geworden sind, daß medizinische Versorgung für die Mehrheit der Landbevölkerung unerreichbar ist und daß das Fehlen der für den Verkehr erforderlichen Infrastruktur das Tempo für die Eigenentwicklung eines Landes bremst.

• Er kam zu dem Schluß, daß man in Afrika wohl als Lehrer, Arzt oder Straßen- und Brückenbauer arbeiten könne.

• Da er sich gut kannte, konnte er den Lehrberuf gleich abhaken: Für den Umgang mit Kindern war er unbegabt. Beim Überlegen, ob er sich zum Baumeister oder Arzt eigne, wurde ihm klar, daß ihm in einem technischen Beruf seine besondere intellektuelle Begabung besser zustatten käme (Mathematik lag ihm, er hatte ein besonderes

Geschick zur Lösung physikalischer Probleme, doch Blut und Eingeweide stießen ihn ab).

• So ließ er sich denn zu einem Universitätsstudium einschreiben, um ein Ingenieurdiplom für das öffentliche Bauwesen zu erwerben. Sein Fachgebiet würde Straßen- und Brückenbau sein.

Schließlich ist er dann nach Afrika gegangen und hat als Erbauer vieler Straßen seine Fachkenntnisse unter die einheimischen Ingenieure gebracht. Und seine Brückenbauten haben auf ganz konkrete Weise einträchtige Verbundenheit hergestellt. Man kann unschwer erkennen, daß Andrew auf seine Weise den Ton der vier Agape-Melodien, die ich beschrieben habe, getroffen hatte.

Der Gebrauch des Verstandes ist nur ein Teil des ganzen Abwägungsprozesses. Wir müssen die vom Verstand geleistete Arbeit noch mit Hilfe unseres Gemütes ergänzen. Es könnte gefährlich sein, das zu unterlassen.

Nehmen wir einmal an, ich komme am Ende des eben beschriebenen Prozesses in meinem Denken zu der Schlußfolgerung, daß „es diese und nicht die andere Lösung ist, die mir zum Leben gereichen wird." Anscheinend habe ich wirklich die Frage beantwortet: „Was ist hier und jetzt möglich?" Habe ich tatsächlich die objektive Schlußfolgerung gezogen und die Wahrheit gefunden? Soweit ich meinen Verstand richtig eingesetzt habe, darf ich wohl annehmen, daß viele, die sich zum gleichen Glauben oder zu denselben Werten bekennen wie ich, mit meiner Wahl einverstanden wären. Allerdings ist das, worauf ich gekommen bin, nicht so objektiv, wie es scheinen könnte; es ist nicht *die Wahrheit*. Das Ergebnis meiner Verstandesarbeit ist eine bis zu einem gewissen Punkt objektive Lösung, wenn auch mit Einschränkungen, denn die Arbeit war die Leistung meines eigenen

Denkens, und ich darf niemals mein Denken mit der Wahrheit selbst verwechseln.

Vielleicht ist es besser, daß eine völlig objektive Situationsanalyse für den einzelnen oder für Gruppen, gleich welcher Art, unmöglich ist. Wenn sie möglich wäre, würden gewisse Leute versucht sein, ein für allemal die Antworten auf alle Fragen festzuschreiben (z. B. durch den Einsatz von Computern). Dann könnten sie behaupten, sie besäßen die Fähigkeit, die Wahrheit auszudrücken. Solch ein Absolutismus könnte zum Despotismus führen. Natürlich ist es immer sinnvoll, Fachleuten auf ihren jeweiligen Gebieten Gehör zu schenken – aber wie schwer ist es, seine Freiheit zu wahren, wenn man täglich angehalten wird, die Botschaften der Medien, der Trendsetter, der Leiter von Einrichtungen aller Art usw. aufzunehmen? Sie alle behaupten, sie wüßten, was Sie und ich tun müssen!

Solche Behauptungen manipulieren bei einem jeden von uns eine empfängliche Seite unseres Wesens, die immer für Leichtgläubigkeit anfällig ist. Wir werden zu glauben versucht, daß irgendwo irgendwer etwas hat, was wir nicht haben, etwas weiß, was wir nicht wissen, und es zu unserem Besseren weiß. Deshalb sind wir bereit, uns unserer Verantwortung zu begeben und uns Gurus anzuvertrauen, die wir für inspiriert halten. Doch „wer von den Menschen kennt den Menschen, wenn nicht der Geist des Menschen, der in ihm ist?" (1 Kor 2,11). Der Anspruch auf Wissen, den irgendeine Autorität im Namen alter Traditionen oder neuer Wissenschaften erhebt, ändert nichts daran, daß unser Sein mitzureden hat. Das zerstört weder die Achtung vor legitimer Autorität oder Fachkenntnis, noch entwertet es unsere eigene objektive Schlußfolgerung. Es unterstreicht nur die Notwendigkeit, auf unser Herz zu hören, das auf seine eigene Weise empfindet und weiß.

Tatsächlich sind unsere Gedankengänge nie rein von der Vernunft bestimmt. Unsere Wissenschaftshörigkeit führt uns dazu, dem Mythos von der Vernunftgemäßheit allzu leicht aufzusitzen. Ein gutes Beispiel ist der Glaube, Gefühle seien in der Geschäftswelt nicht am Platz. Aber jeder weiß, wie viele Geschäftsleute unter Stress, Herzanfällen, Schuld und Nervenzusammenbrüchen leiden. Schon ein Magengeschwür kann als Beispiel dafür dienen, daß unser Verstand nie völlig von unserem Gemütsleben abgeschnitten ist. Unser Geist kann nie vom Herzen oder von den Eingeweiden absehen. Daher ist für mich der Abwägungsprozeß immer erst dann zu Ende, wenn ich die Schlußfolgerungen meines Verstandes meinem Gemüt unterbreitet habe, um die Antwort auf die eigentliche und entscheidende Frage zu erhalten: „Was ist hier und jetzt *für mich* möglich?"

Bei der Belehrung Israels über die Beachtung der Wege des Herrn vergißt der Autor des Buches Deuteronomium nicht, daß man den Rat des Herzens einholen soll (Dtn 30,17). Da er jüdisch gebildet war und das in seiner Sprache zum Ausdruck brachte, konnte er Verstand und Gefühl nie voneinander trennen, wie wir zu können behaupten. Genau genommen ist die Frucht des Abwägens eine persönliche Gewißheit, die von meinem Herzen *und* von meinem Kopf erzeugt wird. Die Prüfung und Bestätigung meiner Verstandesanalyse durch meine Gemütsreaktion wird mich erkennen lassen, ob das Lösungsergebnis eine Lösung *für mich* und somit der Gegenstand *meiner eigenen* Entscheidung sein kann.

Das Treffen einer Wahl ist eine *Bevorzugung*, bei der auch das Herz und die Freiheit mitsprechen. Ein sehr einfaches Beispiel kann erläutern, was ich meine: Angenommen, ich möchte heiraten. Hier ist eine Frau, die mein Verstand als eine gute Wahl bezeichnet: Sie ist etwa so alt wie ich und von guter Gesundheit; sie glaubt an dieselben Werte wie ich; wir bringen dieselben Bildungsvoraussetzungen mit; wir sind uns einig in den meisten Liebhabereien, doch ich empfinde keine Liebe! Angesichts aller Vernunftgründe sagt mein Herz nein. „Das Herz hat seine Gründe, die die Vernunft nicht kennt", hat Pascal gesagt.

Jesus zeigt uns das verschiedentlich. So betritt er z. B. als Zwölfjähriger bei Erreichung seiner religiösen Reife zum ersten Mal den Tempel. Objektiv hätte er nach Nazaret zurückkehren können im Gehorsam seinen Eltern gegenüber, wie man es von einem Kind seines Alters erwartete. Er tat es nicht, denn sein Herz sagte ihm, daß er in dem sein mußte, „was seines Vaters war" (Lk 2,41–52). Auch später, sicher nachdem er sich den objektiven Inhalt der überlieferten Lehren ganz angeeignet hatte, hat er sich gedrängt gefühlt, zu Johannes dem Täufer an den Jordan zu gehen. Dort hat er in seinem Herzen vernommen: „Du bist mein geliebter Sohn, an dir habe ich Gefallen gefunden" (Mk 1,11). Nach einer Zeit des Abwägens in der Wüste hat er, obgleich der Zimmermannsberuf doch gut gewesen war, beschlossen, jetzt sei der Augenblick da, seine Frohbotschaft zu verkünden.

Der Herr spricht durch unseren Verstand, aber auch zu unserem Herzen, und wir können lernen, Gott auf dieser Ebene Gehör zu schenken (Hos 2,14.16).[2]

---

2 Die vier Kriterien sind zwar im christlichen Rahmen der Agape aufgestellt und erklärt worden; ich bin aber überzeugt, daß Menschen, die weder Christen noch religiös gebunden sind, diese Methode anwenden können. Vgl. den Anhang mit dem Titel: „Gilt diese Methode nur für Christen?"

2. Kapitel

Wie man auf sein Herz hört

Was ist das Gemüt?

Ich habe auf diesen Seiten oft das Wort *Gemüt* gebraucht; aber bevor wir erklären, wie wir dieses Merkmal unseres Wesens einsetzen können, müssen wir auf die Bedeutung dieses Wortes eingehen.

Das Wörterbuch definiert den Begriff als „die Fähigkeit, Gefühlsregungen zu empfinden: als den Teil des geistigen Lebens und der geistigen Tätigkeit, der den Gefühlsregungen zugeordnet ist" – unsere Veranlagung, von jemandem oder etwas „gerührt" oder „erschüttert", berührt zu werden. Diese geistig-seelische Anfälligkeit wird uns bewußt durch das langsame und ruhige Ansteigen oder den plötzlichen Ausbruch dessen in uns, was wir Zuneigung, Emotion, Sympathie, Humor, Laune, Eindruck, Gefühl oder Leidenschaft nennen. Alle diese Worte sind mehr oder weniger gleichbedeutend, und jedes von ihnen „besagt" nach Webster[3] „einen Gegensatz zum gesunden Menschenverstand und in einer Nebenbedeutung Unbedachtheit."

Emotionen schlagen in uns immer Wellen. Wenn wir mit einer bestimmten Situation fertigwerden müssen, kann sie uns aufregen oder deprimieren, kann sie uns willkommen oder zuwider sein. Irgendwo in uns spüren wir entweder Freude oder Verdruß, Entzücken oder Kummer, je nachdem, wie die Ereignisse uns treffen. Wir haben sehr wenig Gewalt über das, was uns erwischt und über-

---

3 Standard-Wörterbuch der amerikanischen Sprache (Anm. d. Übers.)

rascht, berührt und bewegt, aufschreckt und erregt, und wir sind praktisch machtlos, wenn heftige Leidenschaft uns beherrscht.

Drei Schichten von Emotionen

Wenn wir Menschen über ihre Emotionen sprechen hören, können wir leicht feststellen, daß die Gefühle, die sie beschreiben, nicht alle derselben Erfahrungsebene angehören. Wir alle merken z. B. wenn wir – sei es nur für einen Augenblick oder tief und dauerhaft – gedrückt oder glücklich sind. Da es in den folgenden Kapiteln wichtig sein wird, zwischen den verschiedenen Gemütsebenen zu unterscheiden, wollen wir hier ein Bild bringen, das ziemlich vereinfacht ist, aber unserem Zweck entspricht. Sagen wir einmal, daß wir alle anscheinend drei „Schichten" im Gemüt haben, die man sich als drei konzentrische Kreise vorstellen kann: der Kruste, dem Inneren und dem Kern der Erde vergleichbar.

Der erste Kreis, der äußere, scheint aus den unmittelbarsten und flüchtigen Emotionen, unseren Spontanreaktionen, zu bestehen. Auf dieser Ebene kommen und verschwinden die Gefühle schnell in rasantem Wechsel, selbst wenn sie uns für den Augenblick sehr stark bewegen mögen. Wir können innerhalb von Minuten mit einem Sprung vom Lachen zum Weinen kommen. Von jemandem oder etwas berührt, können wir auf der Stelle von Entzücken erfüllt oder von Zorn gepackt werden. Diese Gefühle sind wie die Schaumkronen auf der Meeresoberfläche, die nie völlig still ist. Wir werden alle zugeben, daß diese Emotionen „oberflächlich" sind, da sie nicht den tiefsten Bereich unserer Persönlichkeit zum Ausdruck bringen. Manchmal können sie sogar als Abwehrsystem fungieren und verbergen, was eigentlich vorgeht. Ich kann mich an der Oberfläche schüchtern geben, aber das mag meine Sturheit, wenn nicht gar meine Aggressivität tarnen. Ich mag einen sehr offenherzigen Eindruck machen, aber in einer tieferen Schicht voller Ängste sein.

Es leuchtet ein, daß der Einsatz unseres Gemütes beim Abwägungsprozeß nicht in dieser Schicht stattfinden kann; unsere unmittelbaren Reaktionen sind zu schnell und zu wechselhaft. Wir haben alle schon festgestellt, wie unzuverlässig die Information ist, die wir dort erhalten: wie viele Menschen oder Dinge haben wir „auf den ersten Blick" wohlgefällig angenommen oder abgelehnt, und dann haben Zeit und Erfahrung gelehrt, daß unsere erste Reaktion falsch war. Es geht also darum, uns nicht von unseren Emotionen leiten oder ködern zu lassen, wenn sie auf dieser Ebene auftreten. Tun wir das, dann werden wir zum „Treibgut", das auf Gedeih und Verderb ständig wechselnden Strömungen ausgeliefert ist. Soweit wir können und sobald wir können, müssen wir diese äußere Schicht hinter uns lassen und tief in uns eintauchen. Unsere Meerestiefen können nicht so leicht von den Böen aufgewühlt werden, die die Oberfläche peitschen.

Die tiefste Ebene unseres Gemütes nehmen wir nur selten wahr. Wenn wir auch nicht alles über die Natur des Menschen wissen, nennen wir sie gern die Mitte oder den Kern unser selbst. In bestimmten Augenblicken unseres Lebens geraten wir in Kontakt mit einem Empfinden von Klarheit darüber, wer wir sind, das in früheren Erlebnissen nicht seinesgleichen hat. Es wird von einem äußerst tiefen Glücksgefühl begleitet, das manchmal Raum und Zeit aufhebt und sehr schwer in Worte zu fassen ist. In diesem besonderen Augenblick haben wir ein Gewißheitsgefühl, das uns sagt, „wo" wir sind, und das keinen

Raum mehr für Zweifel läßt. Wir „wissen", aber auf eine Weise, die wenig mit Vernunftdenken zu tun hat: *Da ist eine Wahrheit;* sie ist einfach als *Tatsache* da. Sie ist so mächtig, daß der Leib erschüttert oder von einem unsäglichen Entzücken völlig durchdrungen werden kann, das in der Stille wohl auch tagelang andauert.

Man sollte aber unbedingt wissen, daß dieser Zustand nur selten im Leben vorkommt. Wenn Menschen sagen, sie seien oft in Kontakt mit dieser Seins- und Gewißheitsebene, sollte man vorsichtig sein, ihre Behauptungen als bare Münze zu nehmen. Wir sehen z. B. bei der Betrachtung des Lebens der glaubwürdigsten Mystiker aller Religionen, daß solch ein Erleben nicht häufig vorkommt. Selbst Psychotherapeuten sind sich darin einig, daß das Erleben solcher Höhepunkte im Rahmen einer Behandlung nicht die Regel ist. Es wäre wunderbar, jedesmal, wenn wir vor einer Entscheidung stehen, auf solch eine Bewußtseinsebene zu geraten, denn das Gefühl von Klarheit und Gewißheit, das wir dort empfinden, wäre ungeheuer nützlich. Aber diese Erfahrung ist, wie gesagt, im Laufe eines Lebens so selten, daß es besser ist, nicht darauf zu warten. Kommt sie, können wir dankbar sein. Kommt sie nicht, müssen wir unser normales Instrumentarium anwenden. Und noch besser akzeptiert man, daß wir unser tiefstes Selbst vielleicht nie kennenlernen. Nur Gott kann es berühren und uns zeigen, was wir unsere „Seele" nennen könnten. Doch diesen außergewöhnlichen Zustand kann man nicht auf Abruf herstellen.

Irgendwo zwischen der äußeren Kruste und dem Kern befindet sich noch eine Schicht. Wir alle wissen aus Erfahrung, daß sie vorhanden ist, und das vor allem durch ihren Gegensatz zur Außenschicht.

● Ich habe schlimme Kopfschmerzen. Doch obgleich sie an der Oberfläche wehtun und lästig sind, fühle ich mich tief im Innern ruhig und zufrieden.

● Ich habe meinen Papa verloren, an dem ich sehr gehangen habe: Näher an der „Oberfläche" bin ich traurig und betrübt und könnte sogar weinen. Doch da der Tod für ihn der Höhepunkt des Lebens war, empfinde ich, wenn ich mich auf eine tiefere Ebene meines Seins begebe, so etwas wie Freude und Dankbarkeit.

● Bei einer Fete bin ich der Spaßmacher der Gruppe. Ich lache und bringe die anderen zum Lachen. Doch tief innen kann ich ein Gefühl der Trauer und des Unwillens den ganzen Abend über nicht loswerden.

Manchmal ist es nicht leicht, die Trennungslinie zwischen zwei Ebenen wahrzunehmen, denn sie ist nie so deutlich wie auf einer Zeichnung. Doch die obigen Beispiele können in uns die Erinnerung an Erfahrungen wecken, die wir alle gemacht haben und die uns zwei verschiedene Empfindungsebenen erkennen lassen. Wie kann man die mittlere Gemütsebene charakterisieren? Auf ihr sind die Emotionen nicht so häufig und so wechselhaft wie an der Oberfläche und halten normalerweise ziemlich lange an. Es spielt keine Rolle, was das Alltagsgeschehen bringt, sie gleicht einem „Zuhause", in dem Glücksgefühl oder Niedergeschlagenheit bleiben und sich vertiefen können, solange es nichts Stärkeres gibt, das dies ändern könnte. Manchmal beobachtet man Menschen, von denen „tiefe" Traurigkeit Besitz ergriffen hat, von der sie nicht loskommen können, wie man auch andere in einer Gemütsruhe beobachtet, die normale Ereignisse nicht stören können. In den folgenden Kapiteln über „Emotion" oder „Gefühl" geht es *ausschließlich* um diese mittlere Schicht. Das hat seinen Grund darin, daß die Gefühle, die man dort empfindet, uns eine tiefere Selbsterkenntnis vermitteln als die oberflächlichen.

Um unser Gemüt einzusetzen, müssen wir wohl zunächst imstande sein, die Verbindung mit den auf dieser Ebene vorhandenen Emotionen, unseren „Ur-Gefühlen", aufzunehmen, so daß wir die Botschaft entschlüsseln können, die sie uns senden. Das setzt die Fähigkeit voraus, in die Tiefe zu tauchen, in der wir die dort erklingende Symphonie oder Kakophonie hören oder ihr frei zum Ausdruck verhelfen. Denn die Gefühle, die aus diesem Innenraum kommen, kann man mit Musik vergleichen, die unserem Bewußtsein eine Botschaft bringt.

Das Wahrnehmen dieser Ebene erfordert aufnahmebereites Schweigen. Wir können nicht deutlich hören, was jemand flüstert, wenn das Radio oder der Fernseher daherschmettern, und wir können die tiefsten Schichten unseres Gemüts nicht vernehmen, wenn unser Leben voller Lärm ist. Nebengeräusche, die unsere innere Aufmerksamkeit wie Außenlärm störend überlagern, hindern uns daran, sorgfältig auf das zu hören, was tief in uns selbst vorgeht. Den Lärm unseres Lebens mit sanfter Gewalt durch so etwas wie inneres Schweigen zu verdrängen, ist sehr nützlich. Stille und Ruhe, Zurückgezogenheit und Schweigen muß man lernen und üben, besonders heutzutage, wenn unsere Umgebung so vom Gedröhn des Unnötigen und Unwichtigen erfüllt ist. Zur Entschlüsselung der Botschaft unserer Empfindungen wollen wir wieder zum Buch Deuteronomium greifen.

Das Buch Deuteronomium hat uns aufgefordert, das Leben zu wählen und nicht den Tod. Diese Wahl liegt bei uns. Aber wir wollen Leben, Liebe und Tod beschreiben, bevor wir darlegen, wie man sein Herz eine Rolle spielen läßt.

Wir können uns entscheiden, dem Lebensdrang zu folgen, der in uns aufsteigt. Er ist für uns der Anstoß, zu sein und zu wachsen, zu jubeln und selig zu sein. Er ist unsere Neigung, wißbegierig und entdeckungsfreudig zu sein. Er ist unsere Eignung zum Schöpfer-, Erfinder- und Unternehmertum. Er gibt uns die Fähigkeit, immer wieder neu zu beginnen, durchzuhalten und zu streben (Gal 5,22 f.). Das sieht man leicht an der Tatkraft und dem Tatendrang eines Kindes angesichts einer Herausforderung. Und etwas von dieser „Lebensfähigkeit" bleibt uns immer erhalten.

Aber für Christen ist das Gottesleben auch Agape, der Quell der Liebeskraft. Man erkennt sie an ihrer Neigung, auf andere zuzugehen, sie zu akzeptieren, sich ihnen anzuschließen und sich ihrer zu freuen. Man spürt sie an ihrem Hang, eins zu sein mit anderen, mit ihnen zu arbeiten und schöpferisch tätig zu sein und ihnen zu dienen. Man erkennt sie an ihrem Hunger nach Gemeinschaft, der, wenn nötig, zur Vergebung, zum Erbarmen und zur Versöhnung führt. Leben und Liebe klingen in uns wie ein Echo auf das sehnende „Seufzen" des in uns anwesenden Gottesgeistes – des Einen, „der unserem Geist bezeugt, daß wir alle Kinder Gottes sind" (Röm 8,16.26 f.).

Doch als Menschen tragen wir auch eine ernste Anfälligkeit in uns. „Durch den Ungehorsam eines einzigen Menschen sind (wir) alle zu Sündern geworden", und seit Adam und Eva sind Sünde und Tod unsere Weggenossen

(Röm 5,12–19). „Ohnmächtig" tragen wir dauernd an einer Wunde, die sich alle unsere Versuchungen zunutze machen (Röm 5,6). Wenn wir diesen Versuchungen erliegen, öffnen wir dem Tod in all seinen Formen Tor und Tür, „bringen wir dem Tod Frucht" (Röm 7,5). Wir sind anfällig für Versuchungen zu Geringschätzung und Verachtung, zu Neid und Begierlichkeit, zu Spott und Kränkung, zu Mißgunst und Abscheu, zu Ausbeutung und Rachsucht, zu Verleumdung, Folter, Zerstörung und sogar zum Mord. Wir sind bedroht von Schaden oder Vernichtung durch Versklavung an unsere Süchte: unser Lüsten nach Geld und Karriere, nach Ansehen und Macht, unsere Abhängigkeit von Alkohol und Rauschgift.

Wenn wir die Bahnen des Lebens und der Liebe verlassen, um die Pfade des Todes einzuschlagen, können wir selbst oder andere die Opfer sein. Das Gesetz kann eine Leitplanke sein, aber Leitplanken kann man durchbrechen.

Ganz in der Tiefe unseres Seins findet die Wahl zwischen Leben und Liebe einerseits und Tod anderseits statt, und diese Wahl wirkt sich auf alle unsere Entscheidungen aus. Unsere Wahl macht uns „weltlich" oder „geistlich". „Alle, die vom Fleisch bestimmt sind, trachten nach dem, was dem Fleisch entspricht, alle, die vom Geist bestimmt sind, nach dem, was dem Geist entspricht. Das Trachten des Fleisches führt zum Tod, das Trachten des Geistes aber zu Leben und Frieden" (Röm 8,5 f.).

Wir dürfen aus alledem den Schluß ziehen, daß wir Gefahr laufen, uns oder andere zu verletzen, wenn wir uns vom Tode leiten lassen. So schließen wir uns den „Frevlern" an. Sie „holen winkend und rufend den Tod herbei und sehnen sich nach ihm wie nach einem Freund; sie schließen einen Bund mit ihm, weil sie es verdienen, ihm zu gehören" (Weish 1,16). Besser wählt und tut man, was uns ermöglicht, in unserem Dasein die Zunahme von Leben und Liebe zu beobachten. Paulus sagt: „Wenn ihr nach dem Fleisch lebt, müßt ihr sterben..." (Röm 8,13).

Normalerweise richtet sich unser tiefstes Verlangen darauf, zu leben. Das ist, was uns angeht, auch Gottes Verlangen. „Jagt nicht dem Tod nach in den Irrungen eures Lebens, und zieht nicht durch euer Handeln das Verderben herbei! Denn Gott hat den Tod nicht gemacht und hat keine Freude am Untergang der Lebenden" (Weish 1,12 f.). Denn Gott „hat alles zum Dasein geschaffen," verkündet das Buch der Weisheit (1,14). Denn Gott ist der Eine, „der allen das Leben und den Atem gibt," in dem „wir leben, uns bewegen und sind," wie Paulus es in demselben Glauben wiederholt hat (Apg 17,25.28).

Jesus, der diese Gedanken noch vertieft und erweitert, hat in seinem leidenschaftlichen Kampf für Liebe und Leben gesagt: „Ich bin gekommen, damit sie das Leben haben und es in Fülle haben" (Joh 10,10). Dieses Leben ist Agape – Gottesliebe, Selbstliebe und Nächstenliebe, die mit dem Erbarmen dient, das der barmherzige Samariter bewiesen und das Jesus in seiner Antwort an den Gesetzeslehrer hoch gepriesen hat: „Tu das, und du wirst leben" (Lk 10,25–37).

Die Methode

Jetzt können wir, nachdem wir dargelegt haben, was wir unter Leben-Liebe und Tod verstehen, die Frage stellen: „Wie setzen wir unser Herz beim Abwägen ein?" Nehmen wir einmal an, ich habe die Ergebnisse vor mir, die ich mit meinem Verstand erarbeitet habe. Ich habe die Alternativen geprüft und „objektiv" entschieden, welche der Lösungsmöglichkeiten mich zur Agape führt. Jetzt möchte ich mein Gemüt einsetzen, um festzustellen, ob diese Lösung wirklich *für mich* in Frage kommt oder nicht. Ich muß mir von meinem Herzen sagen lassen, ob dies wirklich eine Lösung für *mich* ist. Wenn ja, dann kann sie *meine* Entscheidung werden und damit *für und durch mich* eine Entscheidung zum Leben und nicht zum Tod. Um zu verstehen, wie man in dieser Phase des Abwägens vorgeht, müssen wir einen Blick auf ein recht alltägliches Begebnis werfen.

Unser Wesen reagiert auf alles, was uns passiert. Wenn wir z. B. das, was wir erleben als gut empfinden, verspüren wir Wohlgefallen. Wenn wir aber Gefahr wittern, kann uns Furcht packen.

- Beiläufig erwähnt jemand aus meinem Freundeskreis mein Alter. Gleich fasse ich das als Drohung auf und bin verstimmt, als hätte mein Freund sagen wollen: „Du hast uns doch nicht mehr viel zu bieten.“
- Jemand gratuliert mir zum Geburtstag. Das tut mir richtig gut, als ob der Gratulant mir versicherte: „Siehst Du, ich habe Dich nicht vergessen; mir liegt etwas an Dir.“
- Ein Polizist hält meinen Wagen an. Das versetzt mich in Panik. Das ängstliche Kind in mir sagt: „Jetzt bin ich erwischt worden, dafür werde ich bestraft.“
- Endlich habe ich einen Parkplatz erspäht, da drängt sich jemand noch schnell vor mir in die Lücke. Mich packt Wut im Bauch, und ich würde dem Eindringling am liebsten einen Faustschlag versetzen.
- Ein älterer Blinder macht beim Versuch, die Straße zu überqueren, einen so verlassenen und hilflosen Eindruck, daß mein Herz weich wird: Ich kann nicht umhin, meinem Drang zu folgen, den armen Fußgänger hinüberzuführen.

Diese geläufigen Beispiele folgen einem einfachen Muster. Es geschieht etwas und rührt etwas in mir an: *In mir meldet sich ein Gefühl.* Und solch ein Gefühl hängt mit Leben-Liebe und Tod in mir zusammen. Wenn etwas geschieht und meine Disposition zum Leben und zur Liebe anrührt, verspüre ich ein *stimulierendes* Gefühl. In einer anderen Situation geschieht etwas, das meine Anfälligkeit für den Tod berührt, und mich befällt ein *lähmendes* Gefühl.

- Meine Mutter straft mich mit Schweigen. Mir wird sogar trotz meiner fünfundvierzig Jahre immer beklommener zumute.
- Meine Nachbarin begrüßt mich am frühen Morgen und bemerkt meine neue Jacke. Damit trägt sie trotz meiner Grippe wesentlich zum Gelingen meines Tages bei.
- Mir droht der Verlust meiner Stelle; ich fange an, Bewerbungen zu verschicken. Ganz merkwürdigerweise verleiht mir die bedenkliche Lage ungewöhnliche Tatkraft.

Manchmal kann meine Gefühlsreaktion völlig unerwartet sein. Was die meisten Menschen trösten würde, läßt mich trostlos; was mich sonst irritiert, beruhigt mich heute.

- Von einem Krebsleiden heimgesucht, leide ich qualvolle Schmerzen. Vor Jesus am Kreuz überkommt mich große Erleichterung.
- Bei der Trauerfeier für meinen kleinen Sohn schildert der Geistliche die Schönheit des Himmels; ich werde immer wütender.

Das zugrundeliegende Muster, von dem die Rede war, gleicht einem *Echophänomen*. Es erschallt ein Laut; er trifft auf einen „Resonanzboden", und der Schall wird zurückgeworfen und kommt wieder zu uns. Die Beschaffenheit des Resonanzbodens wird sicher den Widerhall beeinflussen. So ist es auch, wenn sich ein Vorfall ereignet; er trifft auf etwas in uns, und wir bekommen ein Gefühl. Das, was getroffen wurde, hat in uns einen Widerhall auf der mittleren Emotionsschicht, in der die beiden Pole von Leben-Liebe und Tod verankert sind. Wenn das Echo eine „stimulierende" Emotion ist, können wir mit Sicherheit sagen, daß der Vorfall in uns den Quell des Lebens und der Liebe berührt und den Geist geweckt hat, der mit unserem Geist verbunden ist (Röm 8,16). Wenn man die Gefühlsreaktion als „lähmende" Emotion bezeichnen kann, so weist das darauf hin, daß der Vorfall die Anfälligkeit in uns alarmiert hat, die immer darauf aus ist, uns zum Tode zu führen.

Daher ist es sehr wichtig, in jeder Situation auf unsere Gefühle zu achten, ob wir allein überlegen oder um eine Entscheidung beten, in der es um einen anderen Menschen oder die Willensbildung in der Gruppe geht, oder ob wir nur in den Alltagsereignissen unseres Lebens aufgehen. Der „stimulierende" oder „lähmende" Charakter unserer Emotionen verrät uns, daß wir uns innerlich wohl, sicher und gestärkt fühlen – oder unsicher, bedroht und gefährdet.

Wenn ich mit dem Herzen die Richtigkeit dessen überprüfen will, was mein Kopf erarbeitet hat, brauche ich nur anzuwenden, was wir soeben dargelegt haben. Anders ausgedrückt, nehme ich die Lösung, die mein Verstand vorgeschlagen hat, und lasse sie ganz ruhig einsinken. In Meditation und Kontemplation komme ich immer wieder auf sie zurück und bete mit ihr und um sie.

Je länger ich bei dieser Lösung verweile, um so besser spüre ich vielleicht, was ich angesichts ihrer empfinde. Um so deutlicher werde ich das Echo des Lautes hören, mit dem sie auf dem Grund meines Herzens auftrifft. Es kann ziemlich lange währen, bis dieser bestimmte Ton meines Empfindens klar ist. Das hängt von der Schwierigkeit der Frage, von der Qualität meiner Verstandesarbeit und davon ab, wie intensiv und wie oft ich über die Möglichkeit zu einer Lösung nachsinnen kann, und davon, wie sehr meine Alltagsarbeit mich vom Nachsinnen ablenkt.

Aber es kommt der Zeitpunkt, an dem ich mir sagen kann: „Je länger mein Herz sich zu dieser Alternative abwägend verhält, um so besser (oder schlechter) kommt sie mir vor." In diesem Augenblick kann ich sagen, daß mein Gespür für das Leben und die Liebe, für den Geist der Agape in mir, die Antwort auf die Frage gegeben hat, ob diese Lösung für mich richtig ist. Andernfalls müßte ich vielleicht sagen, es sei meine Anfälligkeit für die tödlichen Tendenzen gewesen, die meine Frage beantwortet hat.

Wenn wir uns daran erinnern, daß man nie hundertprozentig sicher sein kann, dürfen wir sagen: Die von meinem Kopf vorgeschlagene Lösung weckt in den tieferen Schichten meines Herzens „stimulierende" Gefühle, und zwar ständig oder immer eindringlicher. In diesem Fall ist es sehr wahrscheinlich, daß mein innerstes Wesen, vereint mit dem Geist des Lebens und der Liebe in mir, im Hinblick auf die Annahme dieses Vorschlages glücklich und zufrieden ist. Mein Inneres gefällt sich in dem, „was dem Herrn gefällt" (Eph 5,10).

Wenn ich hingegen „lähmende" Gefühle empfinde, und zwar ständig oder immer eindringlicher, ist es sehr wahrscheinlich, daß die Lösung, die ich gewählt habe und die, zur Entscheidung geworden, mein Handeln bestimmt hat, nur meine tödlichen Neigungen steigern und speisen wird. Mit Gottes Geist haben sie nichts zu tun.

Ich lasse also die „Verstandeslösung" in meine Tiefen hinunterrufen und horche auf den Widerhall und auf die Eindringlichkeit, mit der sie unten angekommen ist. Je eindringlicher der Widerhall in Moll erklingt, um so deutlicher sagt mir das, daß meine Tiefen und der Geist wehklagen. Klingt die Antwort eindringlicher in Dur, so zeigt sie an, daß mein Herz und der Geist frohlocken. Geistliche Schriftsteller haben diese Phänomene *Trostlosigkeit* und *Trost* genannt.

Wenn schon der Gedanke an die Wahl der Lösung, die sich aus meinen Überlegungen ergibt, solche Gefühle auslöst, um so mehr wird dies die Entscheidung tun, sobald man nach ihr handelt. Es ist demnach sehr wichtig, die Warnsignale zu beherzigen, die das Abwägen in mir auslöst. Einen Entschluß zu fassen, wenn das, was ich als wünschenswert erwäge, bei mir „lähmende" Gefühle weckt, kann mir nur schaden; und die Furcht, es könne mich ruinieren, solch einen Entschluß eine Zeitlang zu verwirklichen, wäre angebracht. Sicher, es könnte mein Entschluß sein, aber im Endeffekt auch mein Tod. Wir alle haben schon beobachtet, wie Menschen tief in Schwierigkeiten gerieten, weil sie sich zwangen, einen Entschluß zu fassen und ihm treu zu bleiben, der nicht mit ihrer Tiefe harmonierte.

Wenn ich mich aber für die Lösung entscheide, die während meines ganzen Entscheidungsprozesses „stimulierende" Gefühle bei mir ausgelöst hat, und wenn ich meine Entscheidung in die Tat umsetze, wird sich das, was in der Abwägungsphase gesproßt ist, zur Blüte entfalten. Es ist wirklich meine Entscheidung, und jeder Schritt zu ihrer konkreten Verwirklichung wird in mir

Leben und Liebe fördern und Frucht bringen in Agape. Eine Fülle von Beispielen belegt, wie Menschen in ihren Taten aufgeblüht sind – ein sicheres Zeichen dafür, daß das, wozu sie sich entschieden haben, für sie eine gute Wahl gewesen ist.

Der Schluß ist daher klar: Die Verstandeslösung, die bei mir zu *Trostlosigkeit* führt, ist nicht *für mich*. Sie mag für jemand anderen passend sein, ist es aber in diesem Stadium meines Lebens nicht für mich. Die Entscheidung, die *in mir Trost* bewirkt, ist wirklich die *für mich*. Andere mögen damit nicht einverstanden sein, aber sie haben nicht *mein* Herz.

Wenn wir bei unserem Herzen Bestätigung einholen, folgen wir der Lehre des Johannesbriefes: „Traut nicht jedem Geist, sondern prüft die Geister, ob sie aus Gott sind" (1 Joh 4,1). In diesem Falle bezieht sich der Apostel auf falsche Propheten, aber wir brauchen auch in uns selbst keine trügerischen Stimmen zu akzeptieren und müssen jede Stimme ablehnen, die nicht aus Gottes Geist stammt.

Sobald die Entscheidung gefallen ist und wir uns an die Ausführung machen, können wir die Worte Jesu bezeugen: „Es gibt keinen guten Baum, der schlechte Früchte hervorbringt, noch einen schlechten Baum, der gute Früchte hervorbringt… Ein guter Mensch bringt Gutes hervor, weil in seinem Herzen Gutes ist; und ein böser Mensch bringt Böses hervor, weil in seinem Herzen Böses ist" (Lk 6,43.45).

Schwere, lebensträchtige Entscheidungen; leichte, aber unheilvolle Entschlüsse

Wenn wir Rückschau halten auf unser Leben, können wir vielleicht nicht immer mit einigen der auf den letzten Seiten aufgestellten Behauptungen einverstanden sein. Wir alle haben die Erfahrung gemacht, daß man einen Entschluß faßte, sich dabei irgendwie unbehaglich fühlte, die Zeit aber erwiesen hat, daß er für uns gut war. Bei anderen Gelegenheiten sind wir vielleicht in Aktion getreten auf einen Entschluß hin, bei dem uns wohl zumute war, und doch hatte unser Tun katastrophale Folgen!

- Ich hatte mir soviel zugute gehalten auf meinen Entschluß, im Freundeskreis ein paar Wochen Urlaub zu machen; diese Tage haben sich als Katastrophe erwiesen.
- Es war sehr schwer, meine Angehörigen und meine Heimat zu verlassen. Aber nach einiger Zeit hat mein Entschluß, in Afrika den Armen zu dienen, mein Herz mit Frieden und Freude erfüllt.

Diese Erfahrungen scheinen vielleicht dem in früheren Kapiteln Gesagten zu widersprechen. Tatsächlich sind sie aber in der Regel die Folgen eines komplizierteren Vorgangs, der der Erklärung bedarf. In solchen Fällen muß man noch feiner abwägen.

„Schwierige" Gefühle, „glücklicher" Ausgang

Wenn wir mit unserem Gemüt an eine Verstandeslösung herangehen und dabei „lähmende" Gefühle verspüren, ist es für uns normalerweise besser, nicht dem ursprünglich beabsichtigten Weg zu folgen; denn er würde uns buchstäblich in eine Sackgasse führen. Doch manchmal kommt es vor, daß wir im Umgang mit einem Erzeugnis unseres Verstandes Emotionen verspüren, die *dem Anschein nach* „lähmend" sind. Wir können uns z. B. beunruhigt oder betrübt, lau oder teilnahmslos, hoffnungslos oder treulos, faul oder widerspenstig, ruhelos oder traurig, ängstlich oder von Furcht gepackt fühlen. Ist das echte Trostlosigkeit?

Ich habe oft Menschen getroffen, die sich in dieser Klemme befanden und sich mit etwas herumschlugen, das sie nur schwer akzeptieren konnten. Oft konnte man ihre Äußerungen so zusammenfassen, wie einer von ihnen es formuliert hat: „Ich glaube, das muß ich durchstehen." Waren sie vom Tod hypnotisiert, wie es uns allen passieren kann, wenn wir unserem Masochismus in die Fänge geraten? Ich würde sagen: nein. Tatsächlich war der Eindruck, den sie auf mich machten, nicht der von Masochisten, sondern der von Kämpfern, entschlossen, sich dem Widersacher zu stellen, oder von Ringern, die mutig den Kampf mit ihrem Gegner aufnehmen wollten. Ihr Kampfeswille klang wirklich „hoffnungsvoll".

Als Exerzitienbegleiter habe ich, wenn jemand sich in dieser beklemmenden Situation befand, oft den Rat gegeben, er solle weitermachen, mit der Schwierigkeit leben und sie aufmerksam prüfen, um festzustellen, was die Zeit bringen würde. Wenn es sich mit der Zeit herausstellte, daß der Betreffende auf einem Kurs war, der zum Tode führte, ging mein Rat dahin, mit allem Schluß zu machen und die Frage neu zu überlegen. Doch für einige hat sich der dichte Nebel nach einer Weile aufgelöst, und wir haben am hellen Tag entdeckt, daß der Betreffende nicht in eine Sackgasse ging. Wir haben gesehen, daß die Situation so etwas wie ein *Pascha*-Geschehen war, der Anfang eines Exodus in Richtung auf das Leben.

Es stimmt, daß wir manchmal mit sehr widrigen Umständen kämpfen müssen, und wenn das geschieht, befallen uns, sagen wir einmal, „schwierige" Gefühle, wie wir sie sonst mit dem Tod verbinden. Diese Gefühle sind angebracht, denn das, womit wir es hier zu tun haben, ist wirklich ein vorläufiges Sterben. Aber es geht dabei um den Einzug in ein neues Leben: wir ziehen durch das Rote Meer, wir leben das Paschamysterium Christi.

• Ich erinnere mich eines Mannes, der sich unter Schmerzen mit dem Tod seiner Mutter auseinandersetzte. Für ihn war es Zeit, erneut aus dem Mutterschoß ans Licht zu kommen, sich von der Nabelschnur zu lösen und erwachsen zu werden.

• Ein anderer hatte Not mit einem schwierigen Vorgesetzten. Um frei zu sein, mußte er lernen, „nein" zu sagen und fremdes Mißfallen zu riskieren, und das machte ihm schmerzlich zu schaffen.

• Eine Frau überlegte, ob sie in ihrem Kloster bleiben sollte oder nicht. Nachdem sie die Furcht, das zu verlassen, was für sie ein Kokon war, und die Angst vor dem Eintritt in eine „gefährliche Welt" überwunden hatte, entdeckte sie, wie man als Laie dasselbe geistliche Leben führen konnte.

• Eine Aufsichtskraft aus meinem Bekanntenkreis mußte durch die Entlassung eines Angestellten ihre eigene Stelle aufs Spiel setzen. Sie durchschritt das Meer ihrer Ängste und konnte sich im Einklang mit den Werten des Evangeliums finden.

Thomas von Aquin hat im 13. Jahrhundert gesagt: „Die wirklich guten Engel erschrecken die Menschen manchmal durch ihre Ankunft, doch ihre Anwesenheit wird schnell zu einem Quell des Trostes und der Kraft." Es gibt wahrhaft schwierige Gefühle, die in der Tiefe unseres Wesens das Erleben von Tod und Auferstehung begleiten. Das Leben und die Liebe berufen uns zur Freiheit, aber das Tor zur Auferstehung ist das Leiden. Uns schneiden und stutzen zu lassen, um reicheren Ertrag und neue Frucht zu bringen, fällt uns niemals leicht (Joh 15,2). Die Aufforderung, zu verlassen, wovon wir besessen sind, und der Agape zu folgen, kann uns ein wenig betrüben, aber Paulus versichert uns: „Wenn ihr durch den Geist die sündigen Taten des Leibes tötet, werdet ihr leben" (Mk 10,22; Röm 8,13). Wie können wir erwarten, von schwierigen Gefühlen unbehelligt zu bleiben, wenn wir in unserem Leben Bekanntschaft mit dem Todesleiden Jesu machen? (Mk 10,32–40). In solchen Augenblikken müssen wir unseren Glauben vom Glauben des heiligen Paulus tragen und stützen lassen: „Wenn der Geist dessen in euch wohnt, der Jesus von den Toten auferweckt hat, dann wird er, der Christus Jesus von den Toten auferweckt hat, auch euren sterblichen Leib lebendig machen, durch seinen Geist, der in euch wohnt" (Röm 8,11).

Vielleicht war das leise Echo von Hoffnung, zu der die eben geschilderten Menschen gelangt waren – man konnte es aus dem Verlangen, an ihr festzuhalten, heraushören –, schon ein Zeichen dafür, daß der Geist nicht jammerte. Es war unter Umständen die Wirkung eines ganz flüchtigen Blickes auf das ferne Ufer des Roten Meeres. Es könnte der noch undeutliche Kehrreim eines Siegesliedes gewesen sein, in den Worten Dietrich Bonhoeffers „ein schon errungener Sieg".

Wir haben auch schon erlebt, daß wir über eine Lösungsmöglichkeit ganz vergnügt waren und beschlossen haben, auf der Grundlage dieses Gefühls zu handeln. Die
Frucht mag im ersten Augenblick köstlich geschmeckt
haben, nahm dann aber einen sauren Geschmack an, der
immer schlimmer wurde, bis wir schließlich zu unserer
Verwunderung nur noch den bitteren Rest im Mund hatten.

Wir könnten kleinere – und größere – Tragödien erzählen, die denen gleichen, die hier umrissen sind:

● Ich habe eine erbitterte Auseinandersetzung mit meinem Bruder. Fest entschlossen, den ersten Schritt zur
Versöhnung zu tun, suche ich ihn wieder auf. Der Streit,
in den wir diesmal geraten, ist schlimmer als der erste.

● Ich entschließe mich frohen Herzens, meine Schwiegereltern zu besuchen, weil sie allein sind. In der Vorstellung, ihnen eine Freude zu machen, lasse ich sie über ihre
Geldsorgen klagen. Alsbald führt uns das Gespräch auf
dem Weg über die Steuern in einen hitzigen Streit über
Politik. Danach herrscht feindseliges Schweigen, und der
ganze Abend ist ruiniert.

● Wir wollen für die gesicherte Zukunft unserer Kinder
sorgen. Wir kaufen eine neues und größeres Haus, neue
Möbel usw. Bald beginnen die Rechnungen sich aufzu-
türmen, und das bedeutet Überstunden, um sie beglei-
chen zu können. Wir sind immer seltener zu Hause und
werden immer reizbarer. Unser Familienleben nimmt
Schaden.

● Jemand tritt aus idealer Gesinnung in den Heeres-
dienst. Im Krieg sieht er sich gezwungen, trotz seiner
persönlichen Rechtschaffenheit und seiner Glaubens-

überzeugung zu akzeptieren, daß man Gefangene unter Folter verhört. Er ist in seinem Innern tief getroffen.

Diese Geschichten handeln von Kursabweichungen. Am Beginn des Geschehens steht in der Regel ein großherziges und großzügiges Vorhaben. Auf der Gemütsebene hat man sich mit solch guten Gefühlen wie Glück und Zufriedenheit und Mut, Freude und Kraft, Hoffnung und Frieden dazu entschlossen. War das wirklicher Trost? Das Endergebnis war eine Katastrophe! Es ist wie eine Rakete, die zum Mond unterwegs ist, ihre Laufbahn ändert und schließlich ins Meer stürzt. Sie ist auf einen anderen Kurs geraten.

Jedesmal, wenn wir es mit Behörden zu tun haben, jedesmal, wenn wir mit jemandem vom anderen Geschlecht zusammen sind, wann immer es um Geldangelegenheiten geht, in jeder Gruppensituation, wenn wir mit einem Angestellten zu tun haben – die Gelegenheit ist für jeden von uns anders –, sieht es so aus, als könnten wir diese unselige Entwicklung nicht vermeiden. Es ist, als läge ein *Klischee* vor, das wir nie deutlich erkennen. Schließlich hören wir uns nach einigen sehr peinlichen Erfahrungen in ähnlichen Situationen sagen: „Das ist das letzte Mal, daß ich mit meinen Schwiegereltern über Politik rede" oder „Schatz, von nun an kümmerst Du Dich um die Schulangelegenheiten der Kinder" oder „Nie mehr werde ich mich mit den Kolleginnen einlassen."

Ein derartiger Entschluß oder Verzicht zeigt, daß wir schließlich gemerkt haben, daß für uns in solch einer Szenerie etwas von Grund auf falsch war. Wir stellen fest, daß sie schon von Anfang an verkehrt war, und daß das Abspulen des Films unter solchen Umständen immer dasselbe unglückliche Ende enthüllt hat. Wir spüren einen Mechanismus, den wir nicht steuern können, wenn er erst einmal in Bewegung gesetzt worden ist. Die normale Einsicht, zu der wir alle kommen und die uns befähigt zu erkennen (wenn auch noch nicht zu analysieren), was in solchen Fällen passiert, ist dieselbe Weisheit, die schon die geistlichen Schriftsteller von ehedem aus Erfahrung mit den Worten ausgedrückt haben: „Wenn der Satan sich in einen Engel des Lichtes verwandelt."

Wenn wir das 1. Buch der Könige und das 2. Buch der Chronik lesen, staunen wir zunächst über Salomos Weisheit und seine Hingabe beim Bau des Gotteshauses in Erfüllung eines Versprechens, das sein Vater David gegeben hatte. Aber im Verlauf der folgenden Kapitel wird das schöne Bild, das wir von ihm unter dem Aspekt seiner meisterhaften Umsicht haben, durch seine Sünden getrübt. Und schließlich kommt uns die Frage: „Ist der Tempel wirklich erbaut worden, um Gott zu ehren, oder um alles in Jerusalem zu zentralisieren, damit der König die Macht und die Herrlichkeit besäße?" Die Historiker bestätigen unsere Vermutungen: Ein anscheinend religiöser Eifer ist die Tarnung eines ehrgeizigen Menschen.

Offenbare Großherzigkeit, Liebenswürdigkeit, Hingabe oder Eifer können andere Motivierungen tarnen, die weniger edel sind. Sind wir nicht manchmal großherzig, weil wir auf uns aufmerksam machen oder nicht abgelehnt werden wollen? Kann unsere Liebenswürdigkeit Methode sein, Menschen zu verführen oder zu manipulieren? Und was unsere Hingabe angeht: Kann sie kein Trick sein, dessen wir uns bedienen um Bewunderung zu erregen oder uns für wert zu befinden, daß man uns gratuliert? Unser Eifer kann einfach eine Versicherung gegen Unsicherheit sein: Wir versuchen, andere von unseren Vorstellungen zu überzeugen, damit wir uns sicher, überlegen oder stark fühlen können.

Wenn wir aufhören, uns etwas vorzumachen, wissen

wir, daß unsere *besten* Wünsche und Vorhaben im Dienst unseres tiefsten Egoismus stehen könnten. Und dann verfangen wir uns durch unsere offenbare Großherzigkeit und unsere edlen Bestrebungen sozusagen in den Schlingen der Hingabe. „Wir werden zu Sündern gemacht," hat Paulus gesagt, und er verbindet diese Bezeichnung mit keiner Einschränkung durch Worte wie „außer in dieser oder jener Hinsicht" (Röm 5,19). Die Anfälligkeit für den Tod wirkt sich auf alles in uns aus, und *selbst unsere Liebe ist nicht gefeit gegen Versuchungen und Sünde*. Man tut im geistlichen Leben einen großen Schritt voran, wenn man erkennt, daß in einem sündigen Menschen nichts rein ist, und anerkennt, daß alles erlöst werden muß – erlöst worden ist in Jesus Christus.

Wir wollen nicht vergessen, daß es Pharisäer so voller Eifer für Gottes Gesetz gegeben hat, daß sie Gottes Sohn nicht erkannt haben. Paulus ist wegen seines „Übereifers" zum „Lästerer und Verfolger" (1 Tim 1,13; Gal 1,13 f.; Apg 9; 22; 26) geworden. Petrus und Judas waren ergebene Anhänger Jesu, haben ihn aber verleugnet und verraten. Und Jesus selbst ist „vom Teufel" durch offenbar gute Gedanken „in Versuchung geführt worden": zu essen, weil er Hunger hatte, zu glauben, daß Engel ihn als Gottes Sohn beschützen würden. Aber das hat nicht funktioniert wie in unserem Fall, denn Christus hat den „Vater der Lüge" nur zu gut gekannt (Mt 4; Joh 8,44).

Noch einmal Thomas von Aquin: „Die falschen guten Engel, d.h. die Teufel, mögen sie auch damit beginnen, die Menschen für das zu begeistern, was gut ist, reden doch bald eine andere Sprache und leiten sie zum Bösen an." Um eine Darstellung bei Ignatius zu entlehnen, einem Meister des geistlichen Lebens und des Abwägens, können wir den Vorgang der Kursänderung, der „Versuchung unter dem Schein des Guten", so beschreiben:

Es ist eine Eigentümlichkeit des bösen Engels, der sich in einen Engel des Lichtes umgestaltet, mit der frommen Seele hereinzukommen und mit sich selbst hinauszugehen; das heißt: er flößt gute und heilige Gedanken ein, die einer solchen gerechten Seele angepaßt sind, und danach versucht er, Schritt für Schritt, sich wieder zu verschleichen, indem er die Seele in seine versteckten Betrügereien und perversen Absichten hineinzieht.

(Geistliche Übungen, Nr. 332[4])

Unsere inneren Verletzungen sind immer vorhanden als ständige Verlockung, etwas für unsere Selbsterfüllung oder Selbsterhaltung zu unternehmen. Manchmal denken wir an eine Aktion, bei der beide dieser ichbezogenen Triebe Befriedigung finden können; aus diesem Grund haben wir vielleicht zu Beginn so gute Gefühle. Wir entscheiden uns also und handeln entsprechend. Doch die Rakete gerät trotz des herrlichen Ziels, das uns vorgeschwebt hatte, sehr bald aus ihrer Flugbahn. Unsere Triebhaftigkeit begeht Verrat an unserem Kopf. In dem Maß, in dem die Lage, in die wir uns gebracht haben, unseren Egoismus nährt, treten die Verzerrungen immer mehr zutage. Wenn wir dann schließlich merken, was da vorgeht, kann es schon zu spät sein.

Der „Vater der Lüge" ist zum Zug gekommen, z. B. durch Ausnutzung unseres Unvermögens, uns von unserem Rivalen aus Kindertagen freizumachen oder den vertrauten Umgang mit ihm zu dulden. Oder durch Anzapfen unseres Geltungsbedürfnisses, das man nicht durchkreuzen darf. Oder durch Beschwörung unserer

---

4 Zit. nach: Ignatius von Loyola, Geistliche Übungen. Übertragung und Erklärung von Adolf Haas, Freiburg [10]1991.

Sehnsucht nach einem bergenden Kokon um jeden Preis. Oder durch schmeichelhaftes Eingehen auf unser Macho-Image, das stärker motiviert als unsere ethischen Werte.

Es wäre hilfreich, wenn man die Kursabweichung unserer Rakete während des Fluges korrigieren könnte!

Petrus hat sich wahrscheinlich ob seiner geistlichen Einsicht sehr selbstzufrieden und selbstsicher gefühlt, als Jesus ihn wegen seines Messiasbekenntnisses pries. Hat Petrus sich damals schon als künftigen geistlichen Schriftsteller gesehen? Als er sich entschloß, Jesus wegen der Leidensankündigung „Vorwürfe" zu machen, hat der Meister da gleich den „Satan" gespürt und die Kursabweichung korrigiert (Mt 16,13–23). Es wäre äußerst nützlich, immer jemanden zur Hand zu haben, der uns davor bewahren könnte, die falsche Richtung einzuschlagen, doch meistens ist das unsere eigene Sache. Was können wir tun, um unsere Flugbahn selbst zu korrigieren?

Raketen halten gewöhnlich ihren Kurs auf Grund von Computereingaben. Wir müssen uns der Technik unseres Verstandes und unseres Gemütes bedienen.

Zuerst wollen wir *mit dem Kopf* genau feststellen, unter welchen Umständen und wem gegenüber wir oft einer gefährlichen Großherzigkeit verfallen. Es kann sein, daß das immer passiert, wenn wir unterrichten oder wenn wir Hilfe leisten, wenn wir im Kreise von unseresgleichen oder bei unseren Konkurrenten sind usw. Ein wacher Blick für das verführerische Milieu wird uns helfen, uns wenigstens darauf vorzubereiten, beim nächsten Mal, wenn wir uns in einer ähnlichen Situation befinden, angemessener zu reagieren, denn einige Situationen kommen in unserem Leben ziemlich regelmäßig vor.

Aber zu welchem Vorgehen wir uns dann beim nächsten Mal entschließen, wird auch davon abhängen, ob wir mit den verschiedenen Entwicklungsstufen unseres Verhaltens vertraut sind. Wir wollen wieder dem Rat Ignatius' von Loyola folgen und den Verlauf Stufe für Stufe in umgekehrter Reihenfolge analysieren, auf jeden Wendepunkt achten und uns vom Ende des Fluges zum Anfang durcharbeiten (*Geistliche Übungen*, 333 f.). Es ist leichter, beim Ende zu beginnen, weil die letzten Drehungen und Wendungen die extremsten und daher auch die auffälligsten sind. Die allerersten Abweichungen sind vielleicht so winzig und unbewußt gewesen, daß man sie kaum bemerken konnte. Wenn wir in der Lage gewesen wären, sie schon an dem Punkt festzustellen, wäre es vielleicht gelungen, gleich wieder auf unseren Kurs zu kommen oder mit den Augenblicken, die unserer Abweichung folgten, ganz anders fertigzuwerden.

Darf ich das am Fall meines Besuches bei den Schwiegereltern veranschaulichen? Ich habe die Bandaufnahme unserer Unterhaltung „zurückgespult" und die Gesprächsthemen in umgekehrter Reihenfolge von Präsidentschaftskandidaten zu politischen Parteien und Klagen über die hohen Steuern bis hin zu Geldsorgen abgehört. Ich achte dabei auch auf unsere Lautstärke, die an Dezibel abnimmt, je mehr wir uns dem Bandanfang nähern. So werde ich zum Zeugen der stufenweisen Ruinierung des Abends.

Die einzelnen Punkte des aus der Richtung geratenen Kurses festzuhalten, ist die Arbeit des Verstandes.

Nach diesem Vorgang führe ich dasselbe mit dem Herzen durch. Ich besinne mich auf das, was passiert ist, und versuche, immer noch in umgekehrter Richtung, die Augenblicke festzuhalten, in denen meine Gefühle in die falsche Richtung umzuschlagen begannen. Ich bleibe beim Beispiel meines Abends bei den Schwiegereltern und spüre so, wie ich rückläufig vom Platzen vor Zorn über

Zornesröte, leichte Gereiztheit und Nervosität bis zu Ruhe und auch Ausgeglichenheit gelange. Ich kann leicht die Verschlechterung meiner instinktiven Reaktionen verfolgen. Wenn wir uns auf diese Weise selbst erforschen, geht uns auf, wie unsere innere Anfälligkeit in einen schlimmen und tödlichen Strudel gerät.

Wenn wir uns dann später mitten in ähnlichen Umständen befinden, werden wir in der Lage sein, das Alarmsignal unseres Verstandes und unseres Gemütes zu hören, sobald wir die verschiedenen Warnzeichen erreichen und erkennen, die wir früher schon mit dem menschlichen Instrumentarium von Verstand und Herz entdeckt haben. So werden wir bessere Entscheidungen treffen können, indem wir in unsere Pascha-Situationen einwilligen oder den Fallstricken der Umstände entrinnen.

Der Kampf gegen Ambivalenz

Es sollte jetzt klar sein, warum zu Beginn dieses Abschnittes die Erklärung stehen sollte: „Man muß noch feiner abwägen." Das ist in beiden Kategorien der oben geschilderten Fälle nötig. Wenn wir „schwierige" Gefühle haben, könnten wir zunächst geneigt sein, uns zurückzuziehen oder die Flucht zu ergreifen; wenn unsere Emotionen uns auf eine „frohe" Fahrt mitnehmen, könnten wir uns zu vorschnellem Handeln gedrängt fühlen. Sowohl in dem einen wie auch in dem anderen Fall könnten wir das uns angebotene neue Leben verpassen oder uns gar noch tiefer in unsere tödlichen Dispositionen verstricken. Es wäre besser, mit Bedacht abzuwägen, um uns vor Flucht in das Reich der Einbildung oder vor schmerzlichem Erwachen zu hüten. Abwägung zu üben durch Hell und Dunkel braucht natürlich seine Zeit, aber es wird uns auch etwas über uns selbst lehren und in die Lage versetzen, mit der Zeit Reflexe und praktische Fähigkeiten zu entwickeln, die für unsere Zukunft sehr fruchtbar sein werden, fruchtbar unter dem Aspekt von Leben und Liebe. Stimmt es nicht, daß wir uns, wenn wir jemanden lieben, mit Freuden darin üben, immer feinfühliger zu werden? Wir müssen uns vor Augen halten, daß sowohl die Ruhe wie auch das meisterhafte Spiel eines Solisten die Frucht stundenlangen Übens sind.

Der Vorgang, in dem sich unser Abwägen verfeinert, läßt uns in der realistischen Auffassung wachsen, daß alles in unserem menschlichen Dasein – einschließlich der Liebe – von *Ambivalenz* geprägt ist. Sicher dürfen wir, wenn jemand vor ein Auto springt, um ein Kind beim leichtsinnigen Überqueren der Fahrbahn zu retten, vermuten, daß Agape mit einer nur minimalen Beimischung selbstbetonter Motivierung vorliegt. Doch die meisten unserer wichtigen Entscheidungen sind keine so unangefochtene Angelegenheit, da die Dinge selten kristallklar sind.

Ambivalenz mögen wir nicht, weil sie alles verwirft: Selbst unsere edelsten Wünsche haben vielleicht egoistische Wurzeln. Wir vergessen aber, daß Ambivalenz auch alles rettet: Nichts in unserem Leben ist durch und durch schlecht. Ambivalenz verwirft das Beste und rettet das Schlechteste. Natürlich ist es für uns ein Kampf, Ambivalenz zu akzeptieren und unter Mühen abzuwägen. Schließlich hat Jesus uns mit den Worten gewarnt: „Denkt nicht, ich sei gekommen, um Frieden auf die Erde zu bringen…“ (Mt 10,34 ff.). Er beschreibt anschaulich die Entzweiungen in einer Familie; doch welche Hausgemeinschaft ist uns vertrauter als unsere eigenen Tiefen? Wenn es sehr schwerfällt, eine Entscheidung zu treffen, können wir an das Wort denken: „Seit den Tagen Johannes' des Täufers bis heute wird dem Himmelreich Gewalt angetan; die Gewalttätigen reißen es an sich" (Mt 11,12). Manchmal ist wirklich das Abwägen unser Ja zu dieser „Gewalttätigkeit". Durch solche chirurgischen Eingriffe geht auf die Dauer unsere Blindheit mehr und mehr zurück. Mit geläuterten Augen werden wir einer der Seligpreisungen zufolge zu Lebzeiten, zu unseren Lebzeiten, Gott schauen (Mt 5,8).

Das ganze Verfahren, das wir mit unserem Gemüt durchführen, kann man schematisch so zusammenfassen:

Ä U S S E R L I C H		
	In einer Situation, die normales Abwägen erfordert	In einer Situation, die feineres Abwägen erfordert
I N N E R Unser Empfinden für Leben und Liebe meldet sich mit ⟶	1. »stimulierenden« Gefühlen von Dauer.	3. »schwierigen«, anscheinend »lähmenden« Gefühlen. (Ersetzt durch 1., wenn das neue Leben sichtbar wird.)
L I C H Unsere Anfälligkeit für den Tod reagiert mit ⟶	2. »lähmenden« Gefühlen von Dauer.	4. »erfreulichen«, anscheinend »stimulierenden« Gefühlen. (Ersetzt durch 2., wenn das Ende des Prozesses näherrückt und eintritt.)

3. Kapitel

Wie man von Anfang an freier wird

Die Ansicht eines Fachmanns

Ist das, was wir bislang erwogen haben, schon alles? Verfügen wir jetzt über eine universale Abwägungsmethode? Wir wollen das, was wir jetzt in Händen halten, mit dem vergleichen, was ein Meister uns zu diesem Thema lehrt. Wir wenden uns an Ignatius von Loyola, den Gründer der Gesellschaft Jesu, der im Christentum eine anerkannte Autorität für das Abwägen ist. In den *Geistlichen Übungen*, einem Handbuch für solche, die als Exerzitienmeister andere anleiten, selbst ihre Wahl zu treffen, schildert Ignatius in der Sprache seiner Zeit sehr sorgfältig einige Methoden, Entscheidungen zu treffen. Die Methode, die er ausführlich behandelt, umfaßt sechs Punkte oder Schritte:

1. Der erste Punkt besteht darin, mir den Gegenstand vorzulegen, über den ich die Wahl treffen will, etwa ein Amt oder eine Pfründe, die ich annehmen oder aufgeben soll, oder irgendwelchen andern Gegenstand, der einer veränderlichen Wahl unterliegt.
2. Es ist notwendig, das Ziel festzuhalten, für das ich geschaffen bin, das ist, Gott unseren Herrn zu loben und meine Seele zu retten; und dabei mich gleichmütig zu verhalten, ohne irgendeine ungeordnete Anhänglichkeit, so daß ich nicht mehr geneigt und gestimmt bin, die vorgestellte Sache anzunehmen, als sie zu lassen, und nicht mehr, sie zu lassen, als sie anzunehmen, daß ich mich vielmehr wie im Gleichgewicht der Waage befinde, um

dem folgen zu können, von dem ich spüre, daß es mehr zur Ehre und zum Lob Gottes unseres Herrn und zur Rettung meiner Seele gereicht.

3. Ich muß Gott unseren Herrn bitten, er wolle meinen Willen bewegen und mir das in die Seele legen, was ich in der vorgelegten Sache tun soll, und was mehr zu seinem Lob und seiner Verherrlichung gereicht, indem ich gut und getreu mit meinem Verstand überlege und dann seinem heiligsten und wohlgefälligen Willen entsprechend wähle.

4. Ich will überlegen, indem ich Schlußfolgerungen ziehe, wieviel Vorteile und Fortschritte mir erwachsen, wenn ich das vorgelegte Amt oder die Pfründe annehme, einzig auf das Lob Gottes unseres Herrn und das Heil meiner Seele hin; dann umgekehrt ebenso erwägen die Nachteile und Gefahren, die in der Annahme liegen. Genauso verfahren von der andern Seite her: nämlich die Vorteile und den Fortschritt des Nichtbesitzes betrachten und umgekehrt die Nachteile und Gefahren desselben Nichtbesitzes.

5. Nachdem ich auf diese Weise die vorgestellte Sache erwogen und nach allen Seiten hin schlußfolgernd überdacht habe, schaue ich, wohin sich die Vernunft je mehr hinneigt; und so muß die Entscheidung über den vorgelegten Gegenstand nach der je stärkeren vernunfthaften Regung, nicht aber nach irgendeiner sinnlichen Regung hin getroffen werden.

6. Ist so die Wahl oder Entscheidung getroffen worden, so muß der, welcher sie getroffen hat, mit großem Eifer sich ins Gebet vor Gott unseren Herrn begeben und ihm diese Wahl darbringen, auf daß seine göttliche Majestät sie annehmen und bekräftigen wolle, sofern sie zu ihrem je größeren Dienst und Lobpreis gereicht.[5]

5 Geistliche Übungen, Nrn. 178–183.

Stammt die Ausdrucksweise auch aus einem anderen Jahrhundert, so können wir doch leicht viele Gedanken wiedererkennen, die bereits in diesem Buch behandelt und tatsächlich von den *Geistlichen Übungen* inspiriert worden sind. Im ersten Abschnitt haben wir den hypothetischen Fall einer Wahl vor uns, einer ebensolchen Wahl, wie sie uns seit den ersten Seiten dieses Buches beschäftigt hat.

Es ist gut, uns durch diesen Punkt daran zu erinnern, daß es notwendig ist, sich schon von Anfang an eine klare Vorstellung von der genauen Beschaffenheit des Gegenstandes unserer Wahl zu machen. Solange man diesen Gegenstand nicht deutlich sieht, ist die Zeit für eine Entscheidung noch nicht reif.[6]

Im dritten, vierten und fünften Punkt finden wir anders ausgedrückt, was wir unsere Verstandesarbeit genannt haben. „Mit meinem *Verstand*" (3) „will ich erwägen, indem ich die *Schlußfolgerungen* ziehe" (4), „…wohin sich die *Vernunft* je mehr hinneigt, …indem ich nach der je stärkeren *vernunfthaften Regung* handle" (5) – alles Ausdrücke, die die Verstandestätigkeit beschreiben.

In unserem Text haben wir die ignatianische Ausdrucksweise von „Vorteilen und Fortschritten, Nachteilen und Gefahren" (4) mittels des Bildes eventueller Fort- oder Rückschritte interpretiert, als deren Vertreter wir unsere Alternativen gelten lassen können. Wir hätten das auch durch die Frage ausdrücken können: „Welche Lösung wird mir den Vorteil verschaffen, noch einen Schritt in Richtung Agape zu tun? Welche Lösung wird von Nachteil und gefährlich sein, weil sie zum Tode führt?"

---

6 Vgl. den „Was können wir tun, um zu klären, worum es bei der Entscheidung geht?" überschriebenen Anhang.

Ich bediene mich aber der Worte, die ich gewählt habe, aus zwei Gründen. Im heutigen Sprachgebrauch kann man die Worte „Vorteile und Nachteile, Nutzen und Gefahren" leicht als egoismusfördernd deuten. Diesen (vierten) Schritt mit dem Etikett des „Abwägens von Pro und Contra" zu versehen, befriedigt auch nicht, da das dahin tendiert, die Untersuchung zu entpersönlichen und mich zu einer sehr allgemein gehaltenen Wertung der Alternativen führt, die mit „dem, der ich bin", wenig zu tun hat. Denn wenn meine Einsicht auch unbedingt so objektiv wie möglich sein muß, so muß ich doch mit meinem eigenen Verstand handeln, und nicht mit dem eines anderen.

Wenn Ignatius sagt: „…in der zur Wahl stehenden Angelegenheit zu tun, was seinem heiligsten und wohlgefälligen Willen entspricht…" (3), so drückt er in einem christlichen Zusammenhang und der Sprache des 16. Jahrhunderts aus, was wir unter dem Erwägen unserer Optionen im Lichte unseres Glaubens und unserer Werte verstehen.

Ich habe bereits in diesem Buch erwähnt, daß einer der Wege, auf denen unser Verstand vom Glauben erfährt, über das Gebet führt. Auf dieselbe Erkenntnis, die gleiche Auffassung, spielt Ignatius nachdrücklich an: „Ich muß Gott, unseren Herrn, bitten, er wolle… mir in die Seele legen, was ich… tun soll" (3).

Für Leser, die mit der ignatianischen Ausdrucksweise vertraut sind, ist es einfach, im sechsten Punkt den Vorgang zu erkennen, der unter dem Titel „Wie man auf sein Herz hört" in einem Kapitel dieses Buches beschrieben worden ist. Wenn Ignatius uns rät, unsere Wahl Gott darzubringen, „auf daß seine göttliche Majestät sie annehmen und bekräftigen wolle," will er damit sagen, daß er, falls er die richtige Wahl getroffen hat,

Trost („stimulierende" Gefühle) zu erfahren hofft. Wie wir gesehen haben, bedeutet das, daß das Herz und der Geist jubelnd zustimmen und die vom Verstand vorgeschlagene Option „annehmen und bekräftigen". Das besagt natürlich auch, daß Trostlosigkeit mit „lähmenden" Gefühlen eintritt, wenn wir schlecht gewählt haben, und daß wir den Prozeß wiederholen müssen, um festzustellen, wo wir einen Fehler gemacht haben.

Indifferenz

So ist denn der einzige Punkt der Methode des heiligen Ignatius, der in diesem Buch noch nicht zur Sprache gekommen ist, der zweite, in dem es um den Begriff der *Indifferenz* geht. Man muß diesen Begriff, der bei den geistlichen Schriftstellern seit Jahrhunderten eine ganz wesentliche Rolle gespielt hat, unbedingt klären. Auf die Bedeutung, die sie dem Begriff beigelegt haben, kämen wir wohl heute nicht. Wir bedienen uns dieses Wortes jetzt eher zum Ausdruck unseres Bedauerns über eine gewisse Gefühllosigkeit, über Desinteresse, Teilnahmslosigkeit oder Lauheit. Doch in unseren Wörterbüchern finden sich auch noch andere Bedeutungen: z. B. die des Fehlens von Zwang zu der einen oder anderen Sache oder, im Fall des Adjektivs „indifferent", die des Fehlens von besonderer Zu- oder Abneigung in irgendeinem Fall, von Vorliebe für das eine oder andere.

Zu Lebzeiten des heiligen Ignatius und in den Schriften anderer geistlicher Autoren jener Zeit war diese letztere Bedeutung der beabsichtigte Wortsinn mit der Betonung einer Freiheit, die vom Einfluß affektiver Reaktionen, unseren „Leidenschaften", wie sie sagten, nicht eingeschränkt wurde.

Wahrscheinlich könnte man den Begriff der Indifferenz modern am besten mit *innerer Freiheit*, Gleichmut, zum Ausdruck bringen.

Gleichmut zu erlangen heißt also, beim Entscheidungsprozeß nicht mehr einem starken inneren Impuls oder der Verlockung durch eine der Alternativen unterworfen oder hörig zu sein, die uns von unserem Intellekt angeboten werden. Unsere Vorgänger haben in ihrer Weisheit und aus Erfahrung gewußt, daß man zum Entscheiden Verantwortung und Freiheit braucht; sie hatten schon entdeckt, daß man unmöglich erklären konnte, der künftige Entschluß würde sich aus einer freien Entscheidung ergeben, solange man innerlich nicht frei, sondern von seinen „Leidenschaften" beherrscht war. Sie hatten schon gemerkt, was moderne Psychologen mit anderen Worten klar dargelegt haben: daß unbewußte Motive, die uns veranlassen, das eine oder das andere zu tun, oftmals so stark sind, daß wir nicht behaupten können, wir hätten *entschieden*. Wir waren nicht frei. Wir haben die besten Beispiele für diesen Mangel an Freiheit in der von mir so genannten Kursabweichung auf Grund „erfreulicher" Gefühle gesehen.

Wie können wir denn dem Rat folgen, den Ignatius in seinem zweiten Punkt gibt? Schon die Einbeziehung der Zeit in einen Abwägungsprozeß gleich welcher Art befreit uns von jeder impulsiven Neigung zur vorschnellen Lösung unserer Frage – jedenfalls, wenn das Leben sie uns ermöglicht. Aber uns ist aufgegeben, zu versuchen, schon von Anfang an freier zu werden.

Entgegen dem Mythos von der Vernunftgemäßheit kann man, wie schon besprochen, den Kopf nicht vom Herzen trennen. Das ist eine Wahrheit, die im Alten Testament ihren Ausdruck gefunden hat, wenn seine Verfasser im Herzen den Sitz sowohl des Verstandes wie auch des Gefühls gesehen haben. Um die Beschreibung des Abwägungsvorgangs zu vereinfachen, habe ich bei der Behandlung der Verstandestätigkeit darauf verzichtet, das weiter auszuführen. Doch wenn unser Kopf am Werk ist, kann er nicht umhin, unter den Einfluß des Herzens zu geraten. Daher sind die objektive Analyse und ihr Ergebnis in Wirklichkeit alles andere als objektiv. Uns allen ist geläufig, was man in der Psychologie Rationalisierung nennt. Es ist so etwas wie eine verstandesmäßige Diskussion, die in uns stattfindet, wenn wir unterbewußte Triebkräfte vertuschen oder rechtfertigen, die vernunftwidrig sind. Mein Herz engagiert meinen Kopf, um zu erhalten, was es will, und führt für sein Tun logische und glaubhafte Begründungen an. Je gewitzter mein Kopf, einen um so raffinierteren und überzeugenderen Eindruck werden die Pros und Contras auf die anderen wie auch auf mich selbst machen.

So können wir in einer anscheinend freien und von Verantwortung getragenen Entscheidung von unseren Phobien oder Zwangsvorstellungen, von unseren Minderwertigkeitskomplexen oder unseren Qualen, von unseren abwegigen Hirngespinsten oder unserem Hang zum Sadismus, von unserem Masochismus oder unserer kindlichen Fügsamkeit usw. beherrscht sein. Daher ist es keine Überraschung, daß eine unter solchen Einflüssen getroffene und in die Tat umgesetzte Entscheidung schließlich zur Katastrophe führt.

Wenn wir vor einer Entscheidung stehen, wäre es daher besser, den Entscheidungsprozeß selbst schon, wie Ignatius rät, mit dem Versuch zu *beginnen*, freier zu werden. Wir wären dann in der Lage, mit einem Verstand zu arbeiten, der sich nicht willenlos Einstellungen unterwürfe, die bereits unter der Oberfläche festliegen. Was kann uns befreien?

Die stärkstmögliche Motivierung

Wir haben uns auf das Wort *Leidenschaften*, das früher bei geistlichen Autoren gebräuchlich war, besonnen, weil es uns hier zupaß kommen wird. Um zu Gleichmut zu gelangen, so rät man uns, sollen wir uns von den *Leidenschaften* freimachen, die von uns Besitz ergriffen haben. *Nur eine Leidenschaft kann eine andere Leidenschaft überwinden.*

Haß oder Liebe z. B. haben viele Menschen stark genug gemacht, die Zwänge zu bekämpfen und zu beherrschen, die in ihrem Wesen verwurzelt waren. Terroristen, die von der Bombe zerfetzt wurden, die sie in einem Flugzeug im Gepäck hatten, haben sich durch ihren religiösen oder politischen Fanatismus über ihren natürlichen Selbsterhaltungstrieb und die normale Rücksicht auf unschuldige Mitanwesende hinweggesetzt. Ich habe Trinker gekannt, die ihre Trunksucht durch die leidenschaftliche Liebe zu ihrer Frau und ihren Kindern überwunden haben.

Wenn wir zur inneren Freiheit kommen wollen, müssen wir mit der Kraft ans Werk gehen, mit der eine Leidenschaft geladen ist, die stärker ist als die anderen, eine Leidenschaft, die bis auf ihre höchste und radikalste Stufe geführt worden ist. Deshalb rät Ignatius seinem Zeitgenossen, der eine wichtige Entscheidung treffen will, sich zu Beginn vor Augen zu halten, wozu er als Mensch berufen ist. Er sagt: „Es ist notwendig, das Ziel festzuhalten, für das ich geschaffen bin, das ist, Gott unseren Herrn zu loben und meine Seele zu retten... [ich muß bereit sein,]... dem zu folgen, von dem ich spüre, daß es mehr zur Ehre und zum Lob Gottes unseres Herrn und zur Rettung meiner Seele gereicht" (2). Für einen Christen der damaligen Zeit konnte nichts mächtiger wirken als die beiden Ziele, die Ignatius nennt.

Demselben Gedankengang bin ich gefolgt, als ich zu Beginn des Kapitels „Wie man Kopfarbeit leistet" an unsere Berufung durch die Agape erinnert habe, unsere Berufung, die Agape zu wählen und nicht den Tod. Wenn wir an Gott glauben, können wir nichts wichtiger, dringender und belebender finden, denn es wäre für uns die schrecklichste Tragödie, fern von Gott, der Liebe und dem Leben in Person, zu sein. Hier geht es wirklich um den äußersten Einsatz. Für Menschen, die nicht an Gott glauben, ist es weithin derselbe Vorgang: sie müssen sich die höchsten Werte vor Augen halten, an die sie glauben und die ihnen am teuersten sind, um eine Entscheidung zu treffen, die keine Treulosigkeit sein soll. Es ist unleugbar, daß viele Männer und Frauen so von der Kostbarkeit ihrer Werte überzeugt waren, daß sie frei wurden – sogar bis zur Einwilligung in den Verlust ihres Lebens in bewundernswertem Gleichmut.

Wieviel mehr würde eine leidenschaftliche Liebe zu Gott, der in Jesus Christus so sehr geliebt hat, Christen befreien können. Mehr als jeder Wert kann diese Liebe uns mobilisieren, kräftigen und unsere anderen Leidenschaften überwinden. Zumindest wird Gott und seinem Ruf gegenüber alles in die rechte Perspektive gerückt und nimmt seine rechten Dimensionen an.

Was das angeht, so können wir nicht umhin, an den

Gedankengang des heiligen Paulus im Kolosserbrief zu erinnern. Der Apostel erinnert seine Leser daran, daß sie durch die Taufe schon in Christus, in Gottes Liebe, sind. Daher fragt er sich, warum sie ihren Sinn auf Dinge richten sollten, die weniger oder gar nichts wert sind. Davon ausgehend gibt und begründet Paulus seine Anweisungen zum Tugendstreben nicht um seiner selbst willen, sondern als *Konsequenz*; die Liebe führt uns leicht dazu, Opfer für andere auf uns zu nehmen, während das Bringen von Opfern an sich nur wieder eine Art von Egoismus sein könnte.

So fangen wir an, durch Besinnung und Gebet *an unserem Gemüt* zu arbeiten, damit wir uns der emotionalen Aufladung der anstehenden Entscheidung entledigen können, die unser Mitgefühl auf den Plan ruft, das uns sonst ohne unsere echte Einwilligung packen und beherrschen könnte. Wie können wir feststellen, daß wir gleichmütig geworden sind? Woran erkennt man es?

Gleichgewicht

Ignatius schildert uns den Gleichmut in einem Bild: „Ich muß mich vielmehr wie im Gleichgewicht der Waage befinden." Das Bild der Waage in der Hand der Statue der Justitia beschreibt vielleicht am besten, was Menschen bei dem Versuch, gleichmütig zu werden, erleben. Nach einer Weile des Schwankens zwischen ihrer spontanen Zuneigung zu dem einen und ihrer natürlichen Abneigung dem anderen gegenüber strebt die Mechanik der Waage zum Gleichgewicht.

Wenn wir auch den Augenblick erhoffen, in dem die Waagschalen ihr Gleichgewicht finden, so ist es doch wichtig, daran zu denken, daß die Zeit, in der wir das Auf und Ab, das Schwanken (und die Unentschlossenheit) spüren, keineswegs blamabel und verloren ist. Wir brauchen sie sogar. Nur wenn ich mein Auf und Ab und meine Unentschiedenheit völlig akzeptiere und aufmerksam beobachte, werde ich schließlich den ruhenden Punkt meiner inneren Mechanik erkennen können, den Punkt, an dem die beiden Waagschalen bewegungslos verharren.

Dann hören wir vielleicht jemanden sagen: „Diese Lösungsmöglichkeit oder jene? Es spielt wirklich keine Rolle, solange ich auf seiten des Herrn bin." Menschen ohne religiösen Glauben könnten sagen: „... solange ich ehrlich sein kann, solange meine Familienangehörigen einander lieben, solange ich bei guter Gesundheit bin, solange man für die Armen sorgt, ..." Das käme ganz auf das persönliche Wertesystem und die Überzeugungen des einzelnen an. Wenn völliger Gleichmut unmöglich ist, können wir ein Niveau innerer Unabhängigkeit erreichen, das mit Freiheit und Verantwortung vereinbar ist.

Wenn der Vorgang gut verlaufen ist und inneres Ringen und Schwanken vorüber sind, ziehen bei dem Betreffenden die Ruhe und das beruhigende Gefühl ein, nicht mehr von einer der zur Wahl stehenden Möglichkeiten fasziniert oder hypnotisiert, nicht mehr zu der einen oder anderen Möglichkeit hingezogen zu werden. Ignatius selbst bedient sich einer Ausdrucksweise, die gefühlsgeladen ist, denn er sagt „geneigt" und „gestimmt"; und an einer anderen berühmten Stelle der *Geistlichen Übungen* spricht er vom Gleichmut mit den Worten: „... wir sollen von unserer Seite Gesundheit nicht *mehr verlangen* als Krankheit, Reichtum nicht mehr als Armut, Ehre nicht mehr als Schmach, langes Leben nicht mehr als kurzes, und folgerichtig so in allen übrigen Dingen. Einzig das sollen wir *ersehnen* und erwählen, was uns mehr zum

Ziele hinführt, auf das hin wir geschaffen sind."[7] Bei der Beschreibung des Geistes- und Herzenszustandes, in dem wir uns bei der Wahl befinden müssen, spricht er von einer „ruhigen" Zeit.[8]

Diese Ausführungen wie auch die Worte des heiligen Ignatius zeigen deutlich, daß solch eine innere Freiheit nichts zu tun hat mit Gefühllosigkeit oder Desinteresse, Unbekümmertheit oder Teilnahmslosigkeit. Sie ist weit von Lauheit entfernt; sie ist sogar ganz ihr Gegenteil. Wie einer meiner Freunde es ausdrückt: „Wenn Menschen zum Gleichmut kommen, geschieht das auf Grund einer Vorliebe" – einer schon früher vorhandenen und stärkeren Vorliebe. „Weil ich das Wohl meiner Familie über alles stelle, habe ich Rauchen, Trinken und Glücksspiel aufgegeben..." Als Christen werden wir aufgefordert, an allererster Stelle der Agape den Vorzug zu geben – eben dem Leben und der Liebe, von dem wir im 30. Kapitel des Buches Deuteronomium gelesen haben. Es ist das „Gott zuerst" der Jeanne d'Arc. Zugleich ist es die Verwirklichung unseres Lebens als Söhne und Töchter des Herrn („Rettung meiner Seele" haben Ignatius und seine Zeitgenossen gesagt), und es ist das Wohlergehen der Brüder und Schwestern, denen wir dienen.

Die Verwurzelung des Gleichmuts in einer Vorliebe besagt, daß er auf Tauglichkeit beruht. Wer wirklich gleichmütig ist, ist in der Lage, Mittel und Wege zu nutzen, den geeignetsten Weg zur Agape einzuschlagen – Mittel und Wege, die dem letzten Ziel nicht widersprechen. „Ich muß mich vielmehr wie im Gleichgewicht der Waage befinden, um *in der Lage* zu sein, dem zu folgen,

---

7 Geistliche Übungen, Nr. 26. Kursiv vom Autor.
8 Vgl. Geistliche Übungen, Nr. 177.

von dem ich spüre, daß es mehr zur Ehre und zum Lob Gottes gereicht…"[9]

Ich weiß, daß ich Gleichmut erlangt habe, wenn ich mich sagen höre: „Ob ich den Weg oder den anderen nehme, ist mir gleich, solange ich mich in der Agape befinde. Ich warte nur auf ein Zeichen, und dann geht's los." Jetzt ist die Zeit da, mit Kopf und Herz die Arbeit an meiner Entscheidung aufzunehmen. An diesem Punkt bin ich hinreichend gelöst, frei genug, die Zeichen zu begreifen, die mein Verstand und mein Gemüt mir bei der Anwendung der hier beschriebenen Methode geben werden.

Das Bedürfnis nach Zeit und Gnade

Gewöhnlich denken wir, die Entscheidung selbst sei das Problem. Das ist aber nicht der Fall. Am schwierigsten ist es, frei zu werden. Als Beispiel dafür möge dienen, daß Ignatius in den Dreißigtägigen Exerzitien erst nach zwei vollen Wochen der Vorbereitung die Möglichkeit einer Wahl ins Gespräch bringt. Wir brauchen Zeit, weil es schwierig ist, sich Gleichmut anzueignen. Es dauert eine Weile, unsere „Leidenschaften" zu erkennen und zur Ruhe kommen zu lassen. Wir brauchen Zeit, um unsere unterbewußten Motivierungen zu entdecken und festzustellen, wie sie an Kraft verlieren. Wenn ich so oft „gleichmütig *genug*" wiederhole, dann deshalb, weil vollkommener Gleichmut für uns sehr wahrscheinlich unmöglich ist. Alle unsere Grenzen hindern uns daran, völlige innere Freiheit zu erlangen. *Genug* bedeutet hier einmal, daß wir uns zu Beginn des Abwägungsprozesses wenigstens dessen bewußt sind, wovon wir uns spontan

9 Vgl. Geistliche Übungen, Nr. 179. Kursiv vom Autor.

angezogen und abgestoßen fühlen. Und daß wir bereit sind, wachsam darauf zu achten und zumindest behutsam ans Werk zu gehen. Wir haben schon in einem der früheren Kapitel gesehen, wie einige unserer spontanen Vorlieben eine versteckte Falle und einige natürliche Abneigungen ein geheimer Ruf zum Guten sein können. *Genug* bedeutet ferner, daß es uns gelungen ist, Abstand von unserer Impulsivität zu gewinnen und unsere innere Freiheit leichter wiedergewinnen zu können.

Doch genug ist nie genug! So müssen wir denn, um gleichmütig zu werden, das einzige Mittel einsetzen, das uns noch verblieben ist: Wir müssen den Einen, völlig Freien, inständig bitten, uns diese Gnade zu schenken. Das ist der Punkt, an dem das Gebet in diesem Vorgang seine wichtigste Rolle spielt. Wir beten, wir flehen Gott an, uns zu helfen, wie so viele Menschen es Jesus gegenüber getan haben. Wir beten demütig zum Herrn, der den Schrei der Armen hört. Für glaubenslose Menschen würde das bedeuten, daß sie in sich ihre kostbarsten Werte regelrecht Gestalt annehmen lassen.

Frei zu werden, ist so schwierig, daß das Bemühen, gleichmütig zu bleiben, den ganzen Abwägungsprozeß hindurch andauern muß wie auch das ständige Beten um die Gnade der Freiheit. Genau das ist es ja, warum Ignatius die Menschen nach erfolgtem Prozeß wieder an Gott verweist und sie ihm ihre Entscheidung darbringen läßt (6). Es ist nie sicher, daß sich nicht irgendwo den Weg entlang ganz verstohlen ein Mangel an Gleichmut eingeschlichen hat. Dies ist auch der Grund, weshalb wir in diesem Buch auf die Leistung des Verstandes die Leistung des Gemüts haben folgen lassen. Das ermöglicht es uns nicht nur, darüber zu befinden, ob unsere Verstandeslösung unserem Herzen akzeptabel ist, sondern es hilft uns auch, festzustellen, ob wir während des Prozesses gleichmütig genug gewesen sind, dafür zu sorgen, daß unsere Entscheidung im Einklang steht mit der Agape, die in den Tiefen unseres Seins wohnt.

Vorrangig in unseren Augen: Die Liebe

Der eine oder andere von uns fragt sich, ob es sich wirklich lohnt, soviel Zeit und Mühe darauf zu verwenden, eine Entscheidung zu treffen. Wir müssen unsere kostbare Zeit darauf verwenden, weil menschliches Leben unbezahlbar ist. Wenn wir überlegen, ob wir heiraten oder ledig bleiben sollen, wollen wir uns Zeit lassen. Wenn wir in unserer Firma eine Änderung vorhaben, von der 20 oder 10000 Angestellte berührt werden, lohnt sich der Zeitaufwand. Wenn wir planen, einen Vertrag zu schließen, der Millionen von Bürgern betrifft, oder eine Vorschrift zu erlassen, die alle Gläubigen bindet – beides verdient Zeit. Ein Schulsystem zu reformieren, das Geist und Herz unserer Kinder bilden wird, erfordert Zeit.

Selbst wenn die anstehenden Entscheidungen nicht so weitreichend sind wie die eben genannten, sind sie immer noch wichtig. Wir werden uns Zeit zum Abwägen nehmen müssen, so daß wir mit der Methode vertraut und in der Lage sind, sie anzuwenden, wenn wir eine ernste Entscheidung zu treffen haben. Jesus ist es, der uns sagt: „Wer in den kleinsten Dingen zuverlässig ist, der ist es auch in den großen, und wer bei den kleinsten Dingen Unrecht tut, der tut es auch bei den großen" (Lk 16,10). Eine aufmerksame Liebe hält nichts für zu klein oder zu belanglos. Alles bietet die gleiche Gelegenheit, Liebe zu erweisen. Eine so empfindsame Liebe weiß, daß Kleinigkeiten sehr schmerzen können, und daß Liebe nicht berechnend ist, sondern versucht, in jedem Fall ganz da zu sein. Eheleute und Freunde verstehen das.

Natürlich müssen wir, wenn ein Notfall mit nur wenig Zeit zum Überlegen vorliegt, tun, was wir können. Doch die Übung, die wir bei der Anwendung der Methode erworben haben, kann uns dazu verhelfen, unter den gegebenen Umständen reflexiv die bestmögliche Entscheidung zu treffen.

Letztlich kommt die Aufforderung, Zeit und Mühe zum Abwägen aufzubieten, aus ganz großer Tiefe. Sie spricht sich in unserem Wunsch aus, die Agape durch unser eigenes Leben und Handeln in dieser Welt besser herauszustellen. Wir erinnern uns vielleicht der Klage Teresas von Avila: „Traurig ist, daß man die Liebe nicht liebt." Wenn wir genug lieben für den Wunsch, die Liebe bekundet, anerkannt und akzeptiert zu sehen, findet sie ihren Ausdruck in unserem Tun, und die Klarheit unseres Handelns hängt davon ab, wie klar unser Abwägen ist.

Können wir als gläubige Menschen die Lehre sehen, die so viele Glaubenslose uns erteilen, die sich z. B. der Gerechtigkeit, dem Frieden und den Menschenrechten verschrieben haben? Würden wir weniger tun? Würden wir vor dem Aufwand an Zeit und Mühe zum Abwägen zurückscheuen, wir, die wir täglich zu dem Einen sagen, den wir Agape nennen: „Geheiligt werde dein Name; dein Reich komme"?

4. Kapitel

Wir sind „als Verwalter eingesetzte Knechte"

Im letzten Kapitel habe ich darauf hingewiesen, daß wir Herr sind über unsere persönlichen Entscheidungen. Gott behandelt uns als verantwortliche Knechte. Daher können wir zum Abschluß dieses Teiles über persönliches Abwägen eine Frage beantworten, die häufig gestellt wird, und eine Möglichkeit zur Beschreibung des Fortschritts im geistlichen Leben vorführen.

Gottes Wille

Oft stellen Menschen die Frage: „Was ist Gottes Wille für mich?" Das klingt so, als hätte Gott schon irgendwo, außerhalb ihrer selbst, eine Landkarte gezeichnet, die ihren Weg genau festlegte, oder einen Entwurf zu Papier gebracht, der ihren Lebenslauf skizzierte. Wenn das so wäre, wäre unsere Freiheit eitler Schein. Sie wäre wie die Freiheit eines Kindes, das ja sagt zu den Entscheidungen seiner Eltern über eine Reise, ohne in eigener Verantwortung bei der Wahl der Route und des Zieles mitgewirkt zu haben. Sie wäre nur eine halbe Freiheit, da sie nur freistellte, etwas zu entdecken und zu akzeptieren, was schon von jemand anderem entschieden worden ist. Gott macht keine halben Geschenke; wir sind wirklich frei erschaffen worden.

Zweifellos ist das Menschenleben von unvermeidlichen Beschränkungen eingegrenzt, die die völlige Freiheit ausschließen. Es ist aber *unsere* Sache, uns innerhalb der Begrenzungen unserer Lebenslagen verantwortungsgerecht und mit Gottes Hilfe unsere eigenen Wege zu bahnen. Was bedeutet es dann, von Gottes Willen für uns zu reden? Laßt uns also, wie viele Gelehrte schon vor langer Zeit gesagt haben, darauf bestehen, daß *Gottes Wille unser Wille ist*. Das mag paradox klingen, aber die vorausgehenden Kapitel legen nahe, daß es stimmt, vorausgesetzt, wir begeben uns auf die Ebene hinunter, die wir beschrieben haben.

Innerlich bringen wir durch den Vorgang des Abwägens die Ergebnisse unserer gedanklichen Suche dem Geist dar; wenn unser göttlicher Gast sich durch ein stimulierendes Echo, das im Kern unseres Wesens ausgelöst wird, mit uns einverstanden zeigt, können wir sagen, daß wir uns mit dem Geist auf dieser Ebene im Einklang befinden, daß wir *vereint mit ihm* unsere Willensentscheidung treffen. Was wir in dieser Tiefenschicht wollen, ist das, was Gott für uns will: Gottes Wille für uns ist das, was wir entscheiden.

Es ist wahr, daß wir in großen Zügen alle „im voraus dazu bestimmt sind, durch Christus Jesus seine Söhne und Töchter" zu werden, wie wir im Brief an die Epheser (1,5) lesen. Doch durch den Vorgang des Abwägens lassen wir uns vom Geist bestätigen, was wir mit unserem Verstand und unserem Gemüt festgestellt haben. „Der Geist selber bezeugt unserem Geist," und wir beide legen fest, *speziell* in welcher Richtung wir im Hier und Jetzt Sohn oder Tochter werden sollen (Röm 8,16).

Geistlicher Fortschritt in drei Worten

Die Praxis des Abwägens, ob bei großen oder bei kleinen Entscheidungen, gibt uns die Gelegenheit, Fähigkeiten, die wir alle besitzen, systematischer zu entwickeln, weil das Denkvermögen und das Gemüt allen Menschen eigen sind. Es kommt uns auch zugute, daß wir als vernünftige Erwachsene mit dem Geist zusammenarbeiten. Aber wir erkennen auch immer besser, worum es beim Fortschritt im geistlichen Leben geht. Ihn kann man in drei Worte zusammenfassen: *Bewußtheit, Gespür und Tüchtigkeit.*

Bewußtheit

Die Gewöhnung an den Gebrauch des Instrumentariums des Abwägens führt dazu, daß wir unsere Selbsterkenntnis vertiefen. Nach und nach entdecken wir mehr über unsere Wunden, unsere Schwächen und Stärken, unsere Neigungen und ihre Auswirkung auf unser Leben. Wir können ein getreueres Selbstportrait malen, das all die hellen und dunklen Züge, aber auch die grauen aufweist. Wir gewahren besser, wer wir sind.

Zugleich erwerben wir uns eine genauere Kenntnis unseres eigenen Gottes. Was heißt das? Die vier Evangelisten haben an denselben Christus geglaubt, aber jeder von ihnen hat ihn aus seiner persönlichen Sicht beschrieben. Ebenso kann ich, weil ich so bin, wie ich bin, immer deutlicher den „besonderen" Gott sehen, der mich anzieht. Vielleicht ist es zutreffender zu sagen, daß Gott, der weiß, was für ein Mensch ich bin, mir ein Antlitz zeigt, das dazu angetan ist, mich zu betören, wie Jeremia (20,7) gesagt hat.

Wenn ich z. B. eine Waise bin, könnte ich von einem Gott gerührt werden, der nie jemanden im Stich läßt. Wenn ich ein Verstoßener bin, kann ich mich dem Einen verwandt fühlen, der vor den Mauern Jerusalems gekreuzigt worden ist. Wenn ich mich als einen „Menschen wie alle anderen" sehe, könnte ich ein Herz für den unbekannten Zimmermann aus Nazaret haben. Und jedes neue Erlebnis, das wir haben, überprüft, klärt und vertieft, was uns über unseren „Namen" und den Namen unseres Gottes bewußt ist.

Gespür

So ist es auch um uns bestellt: Je mehr wir uns unserer eigenen Identität bewußt werden, um so eher können wir in jeder Situation erkennen, was uns zum Leben oder zum Tode gereicht. Das Abwägen hat uns zu unserem „sechsten Sinn" verholfen: Diese durch Übung erworbene Einfühlungsgabe befähigt einige von uns z. B. dazu, Unrecht sofort zu entdecken oder wach zu sein für die Bedürfnisse des Nächsten oder auf der Stelle die Risiken zu erkennen, die man auf sich nehmen muß.

So sind wir, wenn wir es mit Gottes Anrufen zu tun haben, nicht mehr so taub, blind oder träge. Wie Jesaja hören einige von uns den Herrn sagen: „Lernt, Gutes zu tun..., verschafft den Waisen Recht, tretet ein für die Witwen!" Wie Christus sehen andere die Massen „müde und erschöpft daliegen". Wie die Apostel spüren andere die Dringlichkeit der Aufforderung Jesu: „Die Stunde ist gekommen... Steht auf, wir wollen gehen!" (Jes 1,17; Mt 9,36; 26,45 f.). Da unser Gespür feiner geworden ist, wird unser Herz eher berührt, wenn Gott durch Ereignisse spricht, unsere besondere Berufung bestätigt und uns an unsere persönliche „Sendung" erinnert.

• Ich erinnere mich, wie eine meiner Bekannten, die ein paar Exerzitienkurse mitgemacht hatte, mir sagte: „Jetzt brauche ich nicht mehr so lange, bis ich mein gewohntes Spielchen durchschaue. Kürzlich habe ich mich, als ich einen Vortrag hielt, gleich im ersten Augenblick dabei ertappt, wie ich mich als Königin aufspielte. Ich wollte von meinen Hörern bewundert werden. Sofort habe ich der Gruppe wieder Gelegenheit gegeben, ihre Reaktionen zum Ausdruck zu bringen, eingedenk des Rufes, den Gott an mich gerichtet hat: ‚Sei Magd!'"

Tüchtigkeit

In dem Maß, in dem unsere Bewußtheit und unser Gespür dafür, wer wir sind (also für unseren „Namen"), und wozu wir berufen sind (unsere Sendung) deutlicher werden, wächst auch unsere Fähigkeit, unser Leben zu gestalten. Das heißt, wir sehen deutlicher, was wir tun und was wir nicht tun können und wie man damit leben kann. Wir bilden uns ein Urteil über unsere Stärken wie auch über unsere Schwächen. Unsere Fähigkeit, Entscheidungen zu treffen, die die Erfordernisse der Situation berücksichtigen, nimmt zu, aber in einer uns gemäßen Weise. Wir nehmen zu an Lebensgewandtheit. Selbst wenn wir schnell handeln müssen, wird unsere Reaktion sachgerechter ausfallen, weil unsere Praxis des Abwägens unsere Reflexe geschult hat, mit einer sich vertiefenden Gewißheit das Leben zu wählen, und nicht den Tod.

Wir sind wie Bridge-Spieler: Wir haben die Karten auf unserer Hand durchgesehen, die Anzahl und Stärke unserer Trümpfe beurteilt und gesehen, wo wir in einer Farbe nur wenige Karten haben. Und die Erfahrung hat uns gezeigt, wie wir unsere Karten ausspielen sollen. Ob die Situation erfordert, stark herauszukommen oder abzuwarten, prompt zu handeln oder Geduld zu üben – wir haben es zu gerissenen Spielern gebracht!

• Eine meiner Bekannten, eine ordinierte Pfarrerin, mußte ihrem Bischof die Stirn bieten. Sie eröffnete ihre Zusammenkunft mit den Worten: „Obgleich mir der

Umgang mit der Obrigkeit schwerfällt, werde ich versuchen, mich Ihnen gegenüber offen zu äußern… Ich weiß und glaube, daß wir alle vor Gott Brüder und Schwestern sind."

Unser Lebensstil ist unsere ganz persönliche Antwort auf den Anruf eines ganz bestimmten Gottes. Das ist natürlich der Eine, der Gott, der das Glück aller Menschen und die Vollendung der Welt durch sie leidenschaftlich herbeisehnt. Aber in diesem Augenblick ist er ein Gott, der das erreichen möchte durch die Vollendung unseres besonderen Seins und Zeugnisses, und der unsere besondere Statur kennt und akzeptiert. Er ist der Gott, der jeden von uns „beim Namen" ruft (Jes 43,1) und so mit ihm umgeht. Wir werden also sehr persönlich aufgefordert, mit Hilfe des Geistes einen weiteren Schritt in Richtung Agape zu tun. Gott ist nicht mehr nur Gott, sondern *unser* Gott.

Daher können wir, sicher, daß Gott selbst unser Begleiter ist, furchtlos unseren Weg gehen, sicher, daß wir jedes Hindernis überwinden werden wie David, der gegen Goliat in den Kampf zog (1 Sam 17,45 ff.). Und wenn z. B. das Leben ein Weg nach Golgota wird, wissen wir, daß der Gekreuzigte mit uns gehen wird, daß unser Kreuz uns angemessen sein wird (1 Kor 10,13).

Die Praxis des Abwägens hat uns geholfen, Gott an unserer Seite deutlicher zu sehen und zu spüren, bewußter mit solch einem Begleiter umzugehen und uns persönlicher dafür zu entscheiden, auf dem Weg des Einen zu bleiben, der Agape ist. Mehr und mehr wird unsere ganze Kraft freigesetzt für alles, was wir nur unternehmen. Wir sagen mit Paulus: „Alles vermag ich durch ihn, der mir Kraft gibt" (Phil 4,13; Mk 9,23).

Jetzt können wir handeln, denn wir haben alles, was wir brauchen: Wir sind „reich geworden" an Wissen,

Werkzeugen und unserem Anteil an Gottes leidenschaftlicher Liebe (1 Kor 1,4–9). Wir können unbehinderter handeln, denn wir sind vollständiger von dem befreit worden, was uns früher versklavt hat. Daher können wir unser Leben verantwortungsbewußter in die Hand nehmen; wir können besser mit unserem Dasein fertigwerden. Es ist uns überlassen, anzuwenden, was wir entdeckt und beschlossen haben, und an die Arbeit zu gehen – als getreue Knechte, die bevollmächtigt sind und mit Jesus sprechen: „Mein Vater ist noch immer am Werk, und auch ich bin am Werk" (Joh 5,17).

Fragen

Innere Freiheit (Gleichmut)

- Wo hat es mir bei meinen jüngsten Entscheidungen an innerer Freiheit gefehlt?
- Woran klebe ich zur Zeit beim Abwägen? Was hält mich gefangen?
- Welche Mittel habe ich angewandt, um alles zu sieben, woran ich hänge, um so herauszufinden, was, gemessen an meinen vorrangigen Werten und an meinem religiösen Glauben, am wichtigsten ist?
- Auf welchem Gebiet meines Lebens ruft mich der Herr zu größerer innerer Freiheit auf? In bezug worauf? In bezug auf wen?
- Was sind die Zeichen, die mir zeigen, ob ich an Gleichmut zu- oder abnehme?
- Welcher Mittel bediene ich mich zur Wahrung meiner inneren Freiheit während meines ganzen derzeitigen Abwägens? Wer ist normalerweise mein „Advocatus Diaboli"?

Leibhaftigkeit

• Bin ich bei meinen jüngsten Entscheidungen ein „Träumer" gewesen und habe vergessen, wer ich *wirklich* war, wer die von ihnen Betroffenen *wirklich* waren und worum es *wirklich* ging? Was waren die Folgen eines solchen Mangels an Wirklichkeitssinn?

• Wie berücksichtige ich bei meinem derzeitigen Abwägen meine Talente und meine Grenzen, die guten Seiten und die Mängel der Menschen, die wirklichen Dimensionen des Geschehens? An welche Methode denke ich zwecks einer gründlichen Analyse der Situation? Welche Fachleute werde ich konsultieren? Wie kann ich zum gegenwärtigen Zeitpunkt „einen weiteren Schritt" in diese Richtung tun?

Geben, preisgegeben werden

• Was habe ich bei meinen jüngsten Entscheidungen verweigert? Wie habe ich mich dagegen gesperrt, anderen preisgegeben zu werden?

• Wo sehe ich bei meinem derzeitigen Abwägen eine Aufforderung, mich hinzugeben, preisgegeben zu werden? Was ist der mögliche „weitere Schritt voran"?

Universalität

• Welchen Teil meiner selbst habe ich bei meinen jüngsten Entscheidungen außer acht gelassen, abgestritten? Welche Folgen hat das gehabt? Welche Menschen, welche Bereiche meines Milieus habe ich übersehen? Wo bin ich zu engstirnig gewesen?

• Was werde ich bei meinem derzeiten Abwägen tun, um mich ganz einzubringen, um mehr Menschen, mehr Bereiche meines Milieus als zuvor einzubeziehen? Wo sehe ich einen diesbezüglichen „weiteren Schritt voran"?

Einheit

• Habe ich mich bei meinen jüngsten Entscheidungen innerlich gespalten, zerrissen gesehen – wenn ja, zwischen welchen Extremen? Wie hat bei Entscheidungen, die ich getroffen habe und bei denen ich entgegengesetzte Standpunkte berücksichtigen mußte, diese Einladung zur Aufgeschlossenheit mich und meine Entscheidung beeinflußt? Wie habe ich Meinungsunterschiede ausgeglichen? Wem habe ich nie vergeben? Wem kann ich nie vergeben?

Fünftes Kriterium

• Welches Kriterium habe ich bei meinen jüngsten Entscheidungen gewöhnlich vernachlässigt oder abgelehnt? Wie werde ich es bei meinem derzeitigen Abwägen berücksichtigen?

Auf mein Herz hören

• Erinnere ich mich, im Leben verschiedene Stufen von Emotionen verspürt zu haben? Welches waren die leiblichen Zeichen und Symptome, die mir mitgeteilt haben, daß ich in einer sehr tiefen Schicht affiziert wurde? Wie hat das mein übliches Verhalten geändert? Habe ich es fertiggebracht, meinen tiefsten Gefühlen zu lauschen? Konnte ich sie benennen? Wann habe ich „stimulierende" Gefühle gehabt? „lähmende" Gefühle? Warum?

• Nehme ich mir bei meinem derzeitigen Abwägen Zeit, beide Alternativen in mich einsinken zu lassen? Ziehe ich mich in die Stille zurück, um mir das Lauschen auf das Echo meines Herzens zu ermöglichen? Was höre ich? Wie deute ich dieses Echo? Welche von meinem Verstand vorgeschlagene Alternative verursacht bei mir „stimulierende" Gefühle, und welche verursacht „lähmende"?

• Weiß ich noch, welche Entscheidung, die ich getroffen habe, mir gefühlsmäßig schwergefallen ist, mir aber schließlich zum Guten gereicht hat? Kann ich jetzt mit Sicherheit sagen, warum sie schwierig war, und warum sie schließlich vorteilhaft gewesen ist? Was für ein Pascha oder was für einen Exodus habe ich durchgemacht?

• Kann ich mich noch an eine Entscheidung erinnern, bei der ich mich anfangs wohlgefühlt habe, die sich dann aber auf der ganzen Linie als Katastrophe herausgestellt hat? Inwiefern habe ich zu der Katastrophe beigetragen? Kann ich die Kursabweichungen zurückverfolgen, die stattgefunden haben? Kann ich mich noch an die Stufen der Verschlechterung meiner Gefühle erinnern?

• Weiß ich jetzt, in welchen Bereichen meines Lebens solche Abweichungen gewöhnlich vorkommen, und kann ich hinter diesen Abweichungen ein Schema erkennen? Welche von meinem Kopf und von meinem Herzen gegebenen Signale muß ich beachten, um in diesen Bereichen die gleichen Mißgriffe künftig zu meiden?

DRITTER TEIL

Gemeinsames Abwägen

Die vorausgegangenen Kapitel haben eine Methode des Abwägens dargestellt, wie sie von einem einzelnen angewandt wird, der eine persönliche Entscheidung trifft. Der folgende Abschnitt wird zwei Situationen behandeln, in denen Menschen zum Zweck des Abwägens in einer Gruppe zusammenwirken. Der erste Fall tritt ein, wenn jemand die Angehörigen der Gruppe um Hilfe bei seinem oder ihrem Abwägen bittet; der zweite Fall betrifft eine Gruppe, die einer gemeinsamen Tätigkeit nachgeht und hinsichtlich dieser Tätigkeit zu einem gemeinsamen Entschluß kommen muß.

1. Kapitel

Andere helfen mir, abzuwägen

Häufig bitten Menschen ihre Freunde, ihnen zu helfen, wenn sie eine Entscheidung treffen. Es stimmt, daß andere bei unserem Abwägen eine sehr wichtige und nützliche Rolle spielen können, aber ihr Eingreifen kann auch schädlich sein. Wenn wir um Hilfe bitten, ist es gut, die Risiken der Rolle, die der Freund oder die Gruppe spielen, möglichst zu beschränken und die Wahrscheinlichkeit günstiger Ergebnisse zu vergrößern. Man kann das, was wir vielleicht ohne eine besondere Methode schon immer getan haben, in ein System bringen.

Das Abwägen ist an sich schon unumgänglicher Bestandteil jedes ernstlichen Zwiegesprächs, das ja immer die Überlegungen klärt, mit denen wir uns tragen, und uns hilft, zu entdecken und zu erkennen, was unser Herz bewegt, wenn wir einem anderen Menschen gegenüber aussprechen, was in uns liegt. Die Reaktion des anderen sagt uns etwas über uns selbst und oft auch über andere Aspekte der Angelegenheiten, die wir erörtern. Hilfe dieser Art steht uns zur Verfügung, sobald wir jemanden um Rat angehen, und wir können natürlich besonders wertvollen Beistand erhalten, wenn der Betreffende klug ist. Aber manchmal brauchen wir vielleicht sogar mehr als das. So wenden wir uns denn an Menschen, die in der Materie gewisse Erfahrung besitzen, und wenn es sich um eine Frage des Abwägens handelt, suchen wir Rat bei Menschen mit einschlägiger Erfahrung auf dem Gebiet der Spiritualität. Mit ihnen zusammen können wir auch unsere Vorgehensweise verfeinern.

Wenn wir einer Gruppe angehören, ist es sehr wohl

möglich, uns beim Abwägen ihrer Hilfe zu versichern. Ich möchte kurz eine Methode vorstellen, die eine Gruppe, der ich angehört habe, mit gutem Erfolg praktiziert hat. Was diese Methode des Abwägens bewirken kann, hängt natürlich ab von der Fähigkeit jedes einzelnen Gruppenangehörigen, persönlich abzuwägen. Je besser jedes einzelne Gruppenmitglied weiß, wie man die Anwesenheit des Geistes im eigenen Leben erkennt, um so wirkungsvoller wird die Gruppe demjenigen dienen können, der um Hilfe bittet. Wohl hat Jesus gesagt: „Amen, ich sage euch:... Alles, was zwei von euch auf Erden gemeinsam erbitten, werden sie von meinem himmlischen Vater erhalten. Denn wo zwei oder drei in meinem Namen versammelt sind, da bin ich mitten unter ihnen" (Mt 18,19f.), doch wir müssen bedenken, daß es für die Wahrnehmung seiner Gegenwart auf unsere persönliche Fähigkeit ankommt, sie klar zu erkennen.

Beschreiben und Zuhören

Wenn jemand eine Gruppe um Hilfe bittet, müssen die Gruppenmitglieder den Gegenstand des Abwägens möglichst genau kennen. Wie kann die Gruppe ohne ein Mindestmaß an Information und Kenntnis der Einzelheiten die Frage, das Problem in seinem Zusammenhang und seine möglichen Folgen recht erfassen? So muß denn der von der Situation Betroffene zunächst beschreiben, worum es eigentlich geht.

Für denjenigen, der Hilfe sucht, ist es sehr oft ratsam, die Hauptpunkte des Problems, mit dem er sich trägt, schriftlich niederzulegen und die Niederschrift im voraus der Gruppe zu geben. Die Gruppe muß garantieren, daß man sich um restlose Ehrlichkeit bemühen und daß die

Diskretion durch absolute Vertraulichkeit gewahrt werden wird. Es ist z. B. nützlich, genau den Zusammenhang anzugeben, aus dem die Frage erwachsen ist. Eine Schilderung des Geschehens muß Auskunft geben über die zeitliche Dauer, das Entstehen, die Entwicklung, die Besonderheiten im Ablauf des Vorgangs und die Stadien, die der Hilfesuchende durchgemacht hat. Tatsächlich hat die Gruppe schon mittels dieser *intellektuellen* Bemühung dazu beigetragen, das Problem zu klären.

● Zum Beispiel hat einer meiner Freunde unserer Gruppe die Hauptstufen seines emotionalen und religiösen Lebens dargelegt. Dann hat er das Ganze zusammengefaßt: „Ich bin zu den Fallschirmjägern gegangen und ein paar Jahre bei ihnen geblieben, um mutig zu werden. Eines Tages habe ich erkannt, daß es sich um Tieferes gehandelt hat als Mut – es ging um Selbstachtung und Schuld. Ich lebe in Angst und Scham." Das war recht klar, und wir waren in der Lage zu verstehen, wer und wo er in diesem Stadium seines Abwägens war.

Doch die Darstellung von seiten des Verstandes reicht, für sich genommen, nie aus. Es ist für die Angehörigen der Gruppe ganz wichtig, eine Vorstellung von den Gefühlen des *Herzens* des Hilfesuchenden zu erhalten: sowohl von dem, was ihn an dem Gegenstand, um den es beim Abwägen geht, anzieht und sein Verlangen weckt, als auch von seiner Furcht und seinem Zögern, von dem Frieden und der Freude, die er in dieser Hinsicht verspürt hat. Die Gefühle eines Menschen zu kennen, ermöglicht es der Gruppe, zu gewahren, was genau den Menschen, dem sie helfen will, in seinem persönlichen Empfinden getroffen hat. Die oben zitierten Worte meines Freundes können das zeigen.

Wer Hilfe sucht, ist bei der Aufnahme des Gespräches mit der Gruppe wenigstens zu diesem Maß von Offenheit verpflichtet. Aber die Bitte um Hilfe verlangt auch noch eine diesbezügliche Haltung: Wir müssen unbedingt bereit sein, dem, was von anderen gesagt wird, einen Platz in unserem eigenen Gesichtspunkt einzuräumen und unser ursprüngliches Denken zu ändern. Offenheit ist nicht immer leicht, aber hier ist sie unumgänglich. Ich weiß noch, wie unbehaglich uns als Gruppenmitgliedern jedesmal zumute wurde, wenn ein bestimmter Mann uns um Hilfe anging. Er hatte sich schon entschieden, wie wir früher schon mehrmals festgestellt hatten. Wir wußten nie, warum er zu uns kam. Suchte er nur unsere Billigung? Versuchte er, uns durch den Anschein von Offenheit einen Gefallen zu erweisen? Kam er mit dem Wunsch, Außenstehenden erzählen zu können, die Gruppe stünde hinter seiner Entscheidung? Oder hat die Gruppe etwa nur mangelhaft zugehört? – Die Gruppe mußte ja auch erst ihre Rolle übernehmen.

In erster Linie muß man von den Menschen, die die Gruppe bilden, verlangen können, daß sie auf ganz besondere Weise zuhören und ihre Fragen stellen. Vor allem müssen sie sich unbedingt darüber im klaren sein, daß dieser Mann oder diese Frau ihnen etwas mitzuteilen versucht, das man nur schwer in Worte fassen kann, weil es mit der Beziehung zu tun hat, die zwischen ihm oder ihr – als Menschen – und Gott besteht. Es ist die Eröffnung eines Geheimnisses. In unserem eigenen Denken und Herzen das Abenteuer unseres Lebens mit dem Herrn begreifen zu wollen, ist schon mehr als ein Wagnis. Um wieviel schwerer ist es, das anderen zu beschreiben und darzulegen. In der Gruppe, der ich angehört habe, hatten Eröffnungen mitunter die Wirkung einer Offenbarung: Hinter den mit bewußter Offenheit, Ehrlichkeit und Schlichtheit gesprochenen Worten erhob sich, Licht und Dunkel zugleich, die „Wolkensäule", die den Israeliten vorangezogen ist (Ex 13,21 f.). Wir, die Zuhörer, waren von heiligem Schrecken erfüllt wie diejenigen, die zugeschaut haben, als Mose das Offenbarungszelt betrat (Ex 33,7–10).

Wenn wir uns entschließen, andere in eine so intime Seite unseres Lebens einzuweihen, kommt es uns oft vor, als zögen wir uns aus und stellten uns vor ihnen nackt zur Schau. Es ist ein eindrucksvoller Erweis von Mut und Vertrauen, aber angesichts unserer Verwundbarkeit ist es, wenn wir keine Exhibitionisten sind, auch ein ungeheures Wagnis. Die Gruppe muß mit höchster Achtung zuhören und darf Fragen nur mit äußerster Behutsamkeit stellen. Darauf kann man nicht fest genug bestehen, da unangebrachter Exhibitionismus und Selbstentblößung, Bohren und Ausziehen einige Gruppen, die im Namen sogenannter Durchsichtigkeit vorgingen, wie eine Seuche befallen haben. Sich bewußt zu sein, was auf dem Spiel steht, wenn jemand sich eröffnet, beseitigt das Risiko nicht völlig. Aber es wird allen helfen, gesunde Zurückhaltung zu üben, die jemanden davor bewahrt, Voyeur oder Wüstling zu werden. Es sollte klar sein, daß derjenige, der Hilfe sucht, unter Umständen zur Durchführung des Abwägens das Gespräch mit einem geistlichen „Begleiter" braucht, bei dem man mehr enthüllen kann als vor einer Gruppe.

Wir müssen bei dem Tun, das wir hier beschreiben, Schritt für Schritt vorgehen und einander mehr und mehr „zähmen", uns aufeinander einstellen. Tatsächlich habe ich festgestellt, daß, je länger die Gruppe dieses Verfahren übt, die Mitglieder weniger nachbohren, vielmehr zunehmen an tiefer Achtung und Diskretion. Ängste verschwinden, wenn auch einige Tabus vielleicht bestehen bleiben. Wir sind nicht mehr Angeklagte vor Richtern oder Folterknechten, sondern Schwestern und Brüder vor dem Geheimnis Gottes, eine jede und ein jeder an seinem Zelteingang, den Blick auf die Stätte gerichtet, wo der Herr „Auge in Auge" mit dem Gläubigen redet (Ex 33,9 ff.), der um Hilfe bittet.

Besinnung und Gebet

Sobald der Ratsuchende seine Situation geschildert hat, ist es sehr gut, wenn die Mitglieder der Gruppe die ihnen anvertrauten Anliegen zum Gegenstand der Besinnung und des Gebetes machen. Die Besinnung kann man vom Gebet nicht trennen, wenn wir wirklich unseren Gefährten als einen einzigartigen Sohn oder eine einzigartige Tochter des Vaters Jesu ansehen, die einen Ruf der Liebe zu verstehen und treu zu beantworten suchen. Jedes Gruppenmitglied bedenkt also, was jetzt über die Fähigkeiten und Grenzen, die Talente und Schwächen, die Versuchungen und das Versagen des Freundes bekannt ist. Angesichts all dieser Daten versucht jeder in einer Atmosphäre des Gebetes die Frage zu beantworten: „Was wäre für meinen Weggefährten im Licht des Besten, das ich ihm wünsche, in diesem Augenblick möglich?" Unter Verwendung der bereits in diesem Buche aufgestellten Kriterien versucht z. B. jeder abzuwägen, worin der „eine weitere Schritt voran" bestehen könnte, zu dem der Geist des Lebens und der Liebe vielleicht aufruft.

Ein solches Tun ist seitens aller Partner Liebe in Aktion. Es ist ihre Liebe zum Vater Jesu – unser aller Vater –, zu ihrem Bruder oder ihrer Schwester, zu allen Menschen, auf die sich die anstehende Entscheidung auswirken wird. Es ist, zumal in diesem Augenblick, auch

Gottes Liebe in Aktion durch sie, durch ihre persönliche Liebe zu diesem lieben Menschen in seinem Abwägen. Daher müssen sie mit Liebe und Erbarmen auf ihren Freund schauen, wie auch der Herr es tut.

Jemandem beim Abwägen zu helfen, mag wie eine Pflicht aussehen – etwas, das wir *für den anderen* tun – es ist aber auch eine Gnade für *uns*. Gott wagt es, sich unserer zu bedienen, um einem Bruder oder einer Schwester Jesu zu helfen, „ja" zu sagen. Wir besitzen das unschätzbare Privileg, vor dem Allerheiligsten zu stehen, in dem der Herr eine neue Phase des Bundes mit einem Erwählten besiegelt (Ex 33). An uns ist es, sorgsam darauf zu achten, nicht zu stören!

Bisweilen werden wir so sehr von der Ehrfurcht vor einem Geheimnis gepackt, daß in der Gruppe Gebet aufwallt. Als wir einmal einem unserer Freunde zuhörten, der uns seinen Wunsch vortrug, sich für den Seelsorgsdienst weihen zu lassen, wurden wir alle merklich von einem immer tieferen Schweigen erfaßt. Bei der Aufforderung eines Gruppenmitglieds, mit dem Gebet zu beginnen, waren die meisten von uns erstaunt darüber, daß er das Empfinden hatte, er müsse uns auf den Weg zu dem schicken, der uns schon überholt hatte.

Wir können nicht umhin, uns zum Beten gedrängt zu fühlen, wenn wir einen Blick für das haben, was bei solch einem Treffen geschieht. Das Gespräch, von dem hier die Rede ist, ist keine Berufsberatung, obgleich es ebenso ernstgemeint sein muß wie jede andere achtbare Angelegenheit. Es ist keine Gruppentherapie, obgleich die Arbeit, die wir da leisten, durch unsere Kenntnis der dabei mitspielenden psychodynamischen Mechanismen und durch unsere Fähigkeit, mit ihnen umzugehen, gefördert wird. Es ist auch nicht einfach eine gruppendynamische Sitzung, wenn es sicher auch angebracht ist, taugliche

Gruppentechniken und Werkzeuge wie auch einen geschickten Gruppenbegleiter einzusetzen.

Was beim kollektiven Abwägen geschieht, erfüllt uns mit tieferer Ehrfurcht. Wir bahnen als Gruppe einem Bruder oder einer Schwester den Weg, sich zu einer neuen Etappe in dem großen Abenteuer mit Gott, unserem Herrn, aufzumachen. Wir helfen Abraham, auszuziehen in ein neues Land, wir stehen Mose bei einem neuen Exodus zur Seite, wir helfen erneut einer Ester, zu ihrem König zu gehen. Oftmals stellt uns das Geschehen wieder auf unseren eigenen Weg und lädt uns ein, bescheiden und „in Ehrfurcht den Weg zu gehen" mit unserem Begleiter, „mit unserem Gott" (Mi 6,8).

„Euer Standpunkt, doch meine Verantwortung"

Nach Ablauf einiger *Zeit* kommen die Gruppenmitglieder wieder zusammen. Die Dauer der Zwischenzeit hängt von etlichen Faktoren ab. Sie hängt z. B. von der relativen Bedeutung dieser Entscheidung für das Leben des Betreffenden ab oder von dem für die Entscheidung gesetzten Termin oder davon, ob man noch Auskünfte braucht oder sich noch mit gewissen Aspekten der Angelegenheit vertraut machen muß.

Wenn wir wieder beisammen sind, äußern wir alle ganz freimütig einzeln unsere Meinung, Vorschläge und Reaktionen, aber immer eingedenk dessen, daß wir unsere eigenen Standpunkte zum Ausdruck bringen. Wir sagen niemandem, was er tun soll! Es wäre vielleicht hilfreich, jede Stellungnahme mit einer Wendung wie: „Mir scheint, daß..." zu beginnen. So werden die Pros und Contras, wie sie sich in den Augen der einzelnen Mitglieder darstellen, vorgetragen. Der Suchende möchte vielleicht um weitere Erklärungen oder die Begründung für gewisse Meinungen bitten. Unter den Mitgliedern der Gruppe kann es zu einer Art von Gespräch kommen.

Die Mitglieder äußern sich frei, da sie wissen, daß es hier ja nicht um ihre eigene Entscheidung geht; der Nutznießer ist ebenfalls nicht gebunden, da er weiß, daß er sich Gedanken anhört, die nur als Meinungen geäußert werden. Wer abwägen muß, hört sich alles an, was vorgebracht wird, und bedient sich eines Gespürs, wie wir es bereits geschildert haben, d.h. er versucht, das Echo zu hören, das von allem Gesagten im Herzen ausgelöst wird. Manchmal sieht er sich vielleicht genötigt, das ganze Gespräch noch einmal zu einer anderen Zeit ablaufen zu lassen, um in Ruhe abzuwägen, was in seinem Innern den Geist des Lebens und der Liebe oder die Macht des Todes auf den Plan ruft. Auf alle Fälle ist am Ende der Sitzung für den, der um Hilfe für seinen Weg bittet, der Augenblick da, zu sagen: „Ich danke Euch für Euren Beitrag. Jetzt muß ich mit allem, was Ihr mir gegeben habt, zu mir selbst und zu Gott zurückkehren und die Eigenverantwortung für meine Entscheidung übernehmen."

Obgleich ich von meinen Weggefährten unterstützt und aufmerksam gemacht werde, bin ich es, der abwägen und entscheiden muß. *Einsam und allein.* Einsamkeit ist der Preis für die Freiheit, und frei entscheiden zu können, ist die Grundlage der Menschenwürde. Doch auch hier bin ich, selbst wenn ich allein bin, nicht isoliert, und meine Entscheidung ist, obwohl sie wirklich meine eigene ist, nicht willkürlich, da sie auch irgendwie die unsere ist. Meine Freunde sind mit mir gegangen, so weit sie konnten. Jemand hat mir einmal gesagt: „Ich hatte gedacht, durch die Wahl des Gemeinschaftslebens würden die Entscheidungen leichter; tatsächlich war es dank meiner rücksichtsvollen Gefährten eine Aufforderung, in immer tieferen Schichten Eigenverantwortung zu übernehmen. Es war schrecklich, nicht als Baby behandelt zu werden, sondern vielmehr als Erwachsener, und das von Menschen, die nicht als Mütter, Väter, Wärter oder Richter aufgetreten sind, sondern als meine wirklichen Brüder und Schwestern...; es war schrecklich, aber schön. Ich habe meine Würde gespürt."

Wenn ich der Gruppe angehöre, muß ich die Entscheidung unseres Freundes akzeptieren, ohne über sie zu urteilen, und die Freiheit dieses Mannes oder dieser Frau Gottes Ruf gegenüber achten. Ob ich einverstanden bin oder nicht, spielt keine Rolle. Was ich gesagt habe, ist ja auch in die Entscheidung eingeflossen.

Angenommen, mein Freund sperrt sich gegen die Eingebung des Geistes, mag sie sich durch die Gruppe oder im eigenen Herzen bekundet haben. Ich muß bedenken, daß jeder das Recht hat, schwach zu sein, ein Sünder zu sein, wie auch das Recht auf Mitgefühl und Vergebung. Schließlich ist das die Art und Weise, auf die der Herr mit uns allen verfährt, einschließlich meiner selbst. Unsere Gemeinschaften, unsere Kirchen, wir alle müssen noch viel lernen über Freiheit und Barmherzigkeit. „Wer von euch ohne Sünde ist, werfe als erster einen Stein auf sie", hat Jesus gesagt (Joh 8,7).

Und wenn mein Freund sich Gott gegenüber für ein „Ja" entscheidet, werde ich mich natürlich freuen.

Dank

Während des ganzen Vorgangs haben wir alle so manchen Grund zur Dankbarkeit. Anfangs hat jemand zu uns gesagt: „Bitte helft mir abzuwägen", und aus dieser Bitte im Munde unseres Gefährten haben wir Gottes Bitte an uns herausgehört: „Bitte helft meinem lieben Kind, auf mich zu hören." Während der ganzen Zeit hat unser Partner die unablässige Sorge und Liebe des Geistes durch unser menschliches Fleisch in Gestalt respektvoller, besorgter Brüder und Schwestern gespürt – wie eine neue Verleiblichung der Liebe Gottes in Menschengestalt. Beim Abschluß der Begegnung erkennen wir in dem Dank, den derjenige, der abwägt, uns gegenüber zum Ausdruck bringt, Gottes eigene Dankbarkeit und Freude angesichts dessen, was wir getan haben. In ähnlicher Weise wird unser Partner, wenn wir sagen: „Wir danken Dir, denn Du hast uns Vertrauen geschenkt als Dienern des Geistes um deinetwillen", einen dankbaren Gott hören, der sagt: „Ich danke Dir für Deinen Glauben an meine Gegenwart in Deinen Brüdern und Schwestern, meinen Söhnen und Töchtern."

Wir alle sind Zeichen geworden füreinander, Sakramente der Liebe Gottes. Wir sind erwählt worden, dem Herrn den Weg zu bereiten (Lk 17,10; 1,76). Wenn wir in das einbezogen werden, was sich mit Maria und Elisabet begeben hat, können wir nur frohlocken und danksagen, denn Gott hat an uns und durch uns Großes getan (Lk 1,39–55).

2. Kapitel

Wir wollen abwägen, um als Gemeinschaft eine gemeinsame Entscheidung zu treffen

Wenden wir unseren Blick den Mitgliedern einer Gruppe zu, die zu einer gemeinsamen Entscheidung kommen muß. Bevor wir die Methode darstellen, durch die wir das erreichen können, wollen wir einige Voraussetzungen klären.

Vorüberlegungen

Die folgenden Ausführungen sind insofern Vorbemerkungen, als ihre Nichtbeachtung sich unter Umständen schädlich auf jeden Versuch auswirkt, gemeinsames Abwägen zu praktizieren.

Nicht naiv sein: Man muß kämpfen bis zuletzt

Soweit ich weiß, ist es schwierig, in der christlichen Tradition Richtlinien für systematisches Abwägen zu finden, an die eine Gruppe sich halten kann. Der Grund für das Fehlen eines Leitfadens dafür mag darin liegen, daß wir auf ein sehr konkretes Hindernis stoßen, wenn wir uns an solch ein Unterfangen begeben. Es ist besser für uns, wir sehen dieser Schwierigkeit gleich von Anfang an ins Auge.

Gott ist *der* Einzigartige schlechthin; jeder von uns ist als Mensch in seiner Art einzig; daher kann man das Verhältnis, das zwischen dem Herrn und jedem einzelnen Menschen besteht, nicht kopieren. In der tiefsten Schicht kann das, was beim Abwägen zwischen Gott und mir geschieht, nicht ebenso zwischen Gott und jemand anderem geschehen. Wie können wir daher glauben, es sei möglich, daß mehrere Menschen in der tiefsten Schicht ihres Seins bei einer gemeinsamen Entscheidung Einmütigkeit erreichten? Die Geschichte ist schon seit dem Turmbau von Babel (Gen 11) voll von internen Spaltungen unter den Angehörigen einer Gruppe. Der Apostelgeschichte und den Paulusbriefen zufolge hat selbst die Einheit der Urkirche, die Pfingsten so deutlich und wunderbar in Erscheinung getreten ist – allerdings hat jeder Jünger in einer anderen Sprache geredet –, nicht sehr lange gehalten (Apg 2). Wenn wir also einräumen, daß wir wirklich keine systematische Methode für das Abwägen finden können, die die Einmütigkeit der Gruppe in der tiefsten Schicht garantiert, ist das Beste, was wir tun können: *Möglichkeiten* vorzuschlagen, eine schwierige Aufgabe in Angriff zu nehmen, *Taktiken,* die annähernd zu einer wirklichen, in der Tiefe gemeinsamen Entscheidung führen. Die Anerkennung der zugrundeliegenden Hauptschwierigkeit versetzt uns in die Lage, uns mit zwei möglicherweise unbequemen Erscheinungen abzufinden, wenn wir das Verfahren anwenden, das noch beschrieben wird.

Erstens werden wir nicht überrascht sein, wenn das gemeinsame Abwägen sich als schwierig herausstellt und Spannungen und Konflikte erzeugt. Das ist normal und kann nicht anders sein, und wir brauchen uns davor nicht zu fürchten. Wie es schon jede andere Ver*einig*ung, andeutet, muß man trennende Hindernisse zwischen den Partnern überwinden. Daher muß man eine gewisse Mühe, die mit Schmerzen verbunden sein kann, auf sich nehmen.

Zweitens werden wir uns hüten müssen, vorschnell

Trugschlüsse zu ziehen, wenn wir als Angehörige einer Gruppe in einer wichtigen Angelegenheit anscheinend zu leicht einmütig sind. Was könnten wir übersehen haben? Sind die Gruppenmitglieder müde oder träge gewesen? Haben wir uns nicht frei genug gefühlt, uns auszusprechen, oder hat man uns manipuliert? Waren wir nicht hinreichend unterrichtet oder zu „folgsam"? Außer in dringenden Fällen wäre es besser, man nähme sich die *Zeit*, von Anfang an darauf zu achten. So haben sich z. B. die Delegierten, die die Verfassung der Vereinigten Staaten geschrieben haben, wochenlang abmühen und scharf auseinandersetzen müssen – doch wer würde die Wehen bedauern, die bei der Geburt der Demokratie unumgänglich waren?

Haben wir denselben Ausgangspunkt?

Wenn eine Gruppe den Wunsch hat, gemeinsam etwas abzuwägen, um zu einer gemeinsamen Entscheidung zu kommen, ist schon etwas vorhanden, was ihre Angehörigen miteinander verbindet. Dieses einigende Band kann eine Philosophie, ein Credo, eine Vision, ein Interesse, ein Ziel oder ein Vorhaben sein – etwas, das alle akzeptieren oder miteinander teilen. Wenn wir wieder das Schreiben der Verfassung als Beispiel nehmen, erkennen wir schnell, wie Abraham Lincoln die gemeinsame Absicht der meisten ihrer Verfasser gesehen hat: „eine neue Nation" zu schaffen, „die frei sein und leidenschaftlich für den Satz eintreten würde, daß alle Menschen kraft der Schöpfung gleich sind."

In vielen Fällen setzt man als selbstverständlich voraus, daß die Ziele einer Gruppe Gemeingut und unumstritten sind. Wir sagen z. B.: „Weil wir an denselben Gott oder an dieselben Werte glauben, wollen wir zum

Wohl der Familie oder aus geschäftlichen Gründen dieses oder jenes tun…" Aber was verbirgt sich wirklich hinter den Worten, derer wir uns bedienen? Ein schon zu Beginn vorhandener Mangel an Klarheit über das Ziel kann die Ursache der Schwierigkeiten sein, die entstehen, wenn „die Rakete" erst einmal „auf ihre Bahn geschickt wird". Oft sprechen wir mit den gleichen Worten von unserem Ziel, aber man muß soviel wie möglich zum Ausdruck bringen und erklären, was nach unserer Auffassung mit ihnen gemeint ist. Sonst können die uneingestandenen Unterschiede, die zwischen uns bestehen, später dazu führen, daß wir uns und einander betrügen. Am Beispiel der Entstehung der Vereinigten Staaten von Amerika wäre es instruktiv, einmal zu vergleichen, was wir heute unter den Worten „Wir, das Volk…" verstehen. Es ist wahrscheinlich nicht ganz das, woran die Verfasser, Männer weißer Rasse, gedacht haben. In den ersten Entwicklungsstadien des Christentums war es bei den Ortskirchen – Jerusalem, Antiochien, Ephesus, Smyrna, Pergamon usw. – Brauch, einander das Credo, zu dem sie sich bekannten, offenzulegen, um sicher zu sein, daß sie wirklich denselben Glauben miteinander teilten. Im 19. Kapitel der Apostelgeschichte können wir z. B. sehen, daß das Wort *Taufe* für Paulus nicht dasselbe bedeutet hat wie für die Jünger Johannes' des Täufers.

Natürlich kommt das Leben täglich mit Überraschungen, und wir können nie mit Gewißheit voraussagen, was der morgige Tag uns bringt, aber es kommt immer noch auf uns an, uns von vornherein die Gewißheit zu verschaffen, daß wir wirklich einen gemeinsamen Ausgangspunkt haben. Für eine Gruppe ist kein gemeinsames Abwägen möglich oder fruchtbar ohne den Nachweis und die Gewißheit, daß alle ihre Mitglieder zutiefst die gleiche Absicht miteinander teilen.

Als Mitglieder einer Gruppe müssen wir über unser grundsätzliches Einvernehmen nachdenken und reden. Ein tiefes und ehrliches Miteinander ist hier vonnöten, das den Wünschen und Überzeugungen entstammt, die jeder in sich trägt. Es ist ein Miteinanderteilen unserer Werte und unseres Glaubens und unbedingt erforderlich, wenn eine wichtige Entscheidung zu treffen ist. Das, was wesentlich ist, bleibt unter uns zu oft als selbstverständlich unausgesprochen. Aber ein so tiefes Miteinanderteilen verlangt, daß wir solch ein Dauerklima des Austausches pflegen (oder schaffen), das eine derartige Offenlegung unseres Inneren ermöglicht oder anregt.

Was meinen wir z. B., wenn wir „Gott" sagen? Ist mein Gott ein Gott des Erbarmens oder ein Richter? Was ist für mich ein „Christ"? Jemand, der zum Dienen berufen ist, oder jemand, der die Wahrheit gepachtet hat? Ist Gewaltlosigkeit in meinem Leben ein Mittel zur Erzeugung politischen Drucks oder eine Haltung, die ich mir persönlich zu eigen machen will? Wir ahnen wohl, daß die Entscheidungen, die wir treffen, sich aus unserer Einstellung ergeben werden. Aus diesem Grunde müssen wir, wenn wir als Gruppe vor einer wichtigen gemeinsamen Entscheidung abzuwägen versuchen, uns selbst und einander aufmerksam und sorgsam fragen: „Wie meinst Du das?"

Eine letzte Vorbedingung

Hier haben wir es mit einer unabdingbaren Voraussetzung zu tun. Nach dem bereits in diesem Buch Gesagten können wir unseren Glauben und unsere Ziele nur formulieren, wenn es uns gelungen ist, sie uns selbst klarzumachen – anders ausgedrückt: wenn es uns normalerweise gelungen ist, persönlich abzuwägen. Wenn ich mich frage oder von anderen vor die Frage gestellt werde, was für mich bei den Worten „Gott, Christ, Gewaltlosigkeit" eigentlich das Wichtigste ist, nimmt man doch an, daß ich zum Ausdruck bringen werde, was *für mich*, für *meinen Kopf und mein Herz* bei den erwähnten Begriffen grundsätzliche Bedeutung hat.

Gemeinsames Abwägen in der Gruppe verdient nur dann, als Abwägen bezeichnet zu werden, wenn jeder einzelne Beteiligte sich durch eigene Praxis die Fähigkeit zum persönlichen Abwägen erworben hat. Ist diese Vorbedingung nicht erfüllt, kann eine Gruppe immer noch Entscheidungen treffen, doch es wäre dann besser, das dazu verwandte Verfahren nicht als Abwägen zu bezeichnen. In solch einem Fall tut man, was man kann, aber man darf nicht damit rechnen, die Sicherheit zu erlangen, die das Abwägen verleiht. Wenn wir uns dessen bewußt sind, werden wir uns nicht über die Unzulänglichkeiten bei unseren gemeinsamen Bemühungen beunruhigen und auch nicht über die Ergebnisse enttäuscht sein, weil wir die Mangelhaftigkeit eines Verfahrens erkennen werden, das eigentlich kein Abwägen ist. In einigen Fällen ist sogar jemand von Leitern oder Mitgliedern einer Gruppe mißbraucht und irregeleitet worden durch eine gefährliche und schädliche Gruppendynamik, die nur dem Namen nach ein Abwägen war.

Erst wenn man abgesprochen hat, worin alle übereinstimmen, kann man weitergehen. Das Bemühen um Begriffsklärung, das ich beschrieben habe, beantwortet die Frage: „Woher kommen wir alle und wohin wollen wir alle gehen?" Es ist, als steckten wir auf einer Landkarte den Punkt ab, an dem wir uns augenblicklich befinden, und beschlössen, ob wir alle dasselbe Ziel hätten. Erst wenn das erledigt ist, können wir uns die Straßen anschauen, die wir auf unserer gemeinsamen Reise nehmen wollen.

Es gibt immer viele Mittel und Wege

Das Bild von der Landkarte erinnert uns daran, daß es vielleicht mehrere Straßen zur Erreichung desselben Zieles gibt. Wenn wir in Gesellschaft reisen, empfiehlt vielleicht einer von uns, der mehr für Tempo und gute Nutzung des Treibstoffs ist, die Autobahn; jemand anderer, der auf der Fahrt gern die Landschaft genießt, nimmt lieber die kurvenreiche Straße durch die Berge; noch eine Gefährtin, ein Talent für die Lösung von Schwierigkeiten, würde uns gern ihre liebste Abkürzung über Nebenstraßen zeigen. Einvernehmen über den Ausgangspunkt und das Ziel bedeutet nicht notwendigerweise Einvernehmen über den Weg, den man einschlagen sollte.

Es überrascht daher nicht, wenn wir uns nach anfänglicher Einigung in dem Augenblick, in dem es darum geht, Mittel und Wege zur Erreichung des Zieles zu wählen, vor einer neuen Welle von Konflikten sehen.

Warum würden wir erwarten, anders zu sein als Paulus und Barnabas, die so „einig" im Bewußtsein ihrer Sendung an die Heiden, aber verschiedener Meinung waren (Apg 15,36–40) und sich sogar wegen einer unwichtigen Frage voneinander getrennt haben? Es ist nicht zu übersehen, daß Jesus, Jakobus und Johannes für das Verfahren mit den ungastlichen Samaritern an unterschiedliche Mittel und Wege gedacht haben (Lk 9,51–56). Solche Meinungsverschiedenheiten sind ja vielleicht auch gar keine Katastrophe: Gott sei Dank gibt es in den meisten Fällen mehrere Lösungen zur freien Auswahl unsererseits (Gleichrichtung ist typisch für Diktaturen).

Vielfalt ist eine Bereicherung für die Gruppe und kann sie auf Lösungen bringen, an die die meisten ihrer Mitglieder nicht mehr gedacht hatten: „Warum nicht fliegen, statt zu fahren?" Vielfalt der Mittel mehrt auch die Wege zum Ziel und die konkreten Ergebnisse. Anstatt des einen Missionarsteams, Paulus und Barnabas, hatte die Urkirche im Endeffekt zwei: Paulus und Silas, Barnabas und Markus. Den Dienst an den Armen kann man im Leben verwirklichen durch Wohnen in einem Slum, durch Einflußnahme auf Politiker oder die Medien, durch Gründung von Gewerkschaften in Gebieten, in denen die Arbeiter ausgebeutet werden, durch qualifizierten Schulunterricht... Die Möglichkeiten, unter denen wir wählen können, sind im Rahmen unserer jeweiligen Umstände nur so begrenzt wie unsere Kreativität und unsere Freiheit.

Die Gruppe schlägt alle denkbaren Möglichkeiten zur Lösung des Problems vor und bedient sich dabei solcher Verfahren wie Brainstorming, Diskussionen im kleinen Kreise (zu zweit oder zu dritt) usw. Allerdings müssen wir, wenn wir mit allen unseren Vorschlägen zu einer möglichen Lösung fertig sind, diese genau prüfen. Es könnte ja sein, daß einige Lösungen zu den Werten oder dem Glauben der Gruppe oder dem angestrebten Ziel oder beidem im Widerspruch stehen. Wenn Jesus Jakobus und Johannes zurechtgewiesen hat, so ist das geschehen, weil das Herabrufen des Feuers vom Himmel zur Vernichtung der Samariter ein offensichtlich mit der Agape unvereinbares Mittel zur Lösung einer Schwierigkeit war (Lk 9,54).

Mit Gleichmut sichten

Alle von der Gruppe vorgeschlagenen Mittel zu prüfen, heißt, sie zu sichten. Die Partner schauen sich gemeinsam für jedes von ihnen die Pros und Contras an und beschränken sich nur auf diejenigen Mittel, die dem von allen angestrebten Zweck entsprechen. Das wichtigste

Werkzeug, das jeder in diesem Stadium braucht, ist ehrlicher Gleichmut.

Wenn es mir gelingt, gleichmütig zu bleiben, kann ich als Gruppenangehöriger z. B. eine von jemand anderem vorgeschlagene Lösung akzeptieren oder sogar unterstützten, ohne unterschwellig zu versuchen, sie zu verhindern, weil sie mir nicht gefällt. Ähnlich befähigt mich der Gleichmut, den Vorschlag, den ich gemacht habe, eventuell von anderen abgelehnt zu sehen, ohne wütend oder geknickt zu werden.

Wenn wir alle gleichmütig sind, bestimmen immer die Werte, der Glaube und das Ziel, die *wir alle* vorziehen, die Richtung unseres Sichtens. Nehmen wir einmal an, eine Gruppe von uns sei gemeinsam auf der Fahrt zu einer wichtigen geschäftlichen Sitzung, zu der wir pünktlich eintreffen müssen. Der Genuß der schönen Landschaft kann dann kein so wichtiger Gesichtspunkt sein. Wir müssen uns an den kürzesten Weg halten. Wir könnten uns daher z. B. für die Autobahn entscheiden und nicht für die Straße durch die Berge.

Hier ist unser Verstand am Werk, der den Glauben und die Werte, die wir alle miteinander teilen, im Blick hat. Aber unsere Kopfarbeit wird zu größerer Gewißheit führen, solange wir alles tun, um Gleichmut und Herzensfreiheit zu wahren, wie schon in den Kapiteln über das persönliche Abwägen dargelegt worden ist. Der Gleichmut bewahrt uns vor Engstirnigkeit, Sonderinteressen oder unseren bewußten oder unterbewußten Eigenwünschen. Hier kann man sehen, wie unerläßlich es für jedes Gruppenmitglied ist, Erfahrung im persönlichen Abwägen zu haben.

Wenn das Verfahren gut funktioniert, wenn ich gleichmütig bin und die anderen es auch sind, versuche ich nicht mehr, meine Ansicht zu meiner eigenen Befriedigung durchzusetzen. Ich werde mich eher dem gemeinsamen Ziel unterordnen, das unsere gemeinsamen Werte und unser gemeinsamer Glaube festgelegt haben. Jedes „Ich" dient dem „Wir", das uns zum Einssein drängt. Wenn jemand als Christ beim gemeinsamen Abwägen mitwirkt, steht er ihm Dienst eines anderen – des gleichen Geistes Gottes, an den alle in der Gruppe glauben, der Agape, für die alle gemeinsam Zeugnis geben wollen. Sind sie in ihrem Vorgehen soweit gelangt, so verkünden die Mitglieder der Gruppe schon durch ihr Verhalten: „Der Heilige Geist *und* wir…," denn jeder und jede von ihnen bedient sich der Offenbarung des Geistes, „damit sie anderen nützt" (Apg 15,28; 1 Kor 12,7). Einzig und allein kraft des Gleichmuts werden die von den Gruppenmitgliedern vorgeschlagenen Mittel durch den Geist von egoistischen Motivationen geläutert.

Eine besondere Weise des Aufeinander-Hörens

Wenn die Vorschläge, die gemacht worden sind, von den Mitgliedern der Gruppe diskutiert werden, muß das Zuhören auf besondere Weise geschehen, damit diese Phase des Vorgangs Teil des Abwägens wird. Hier geht es für uns nicht einfach darum, Mitteilungen zu hören und zu diskutieren, wie wir es in einem gewöhnlichen Meinungsaustausch tun. Hier müssen die Teilnehmer, wenn wir Christen als Beispiel nehmen, ihr geistliches Gespür einsetzen, wenn sie wirklich den Geist der Agape wahrnehmen wollen. Ja, auf Grund der Hinweise und Meinungen, die alle in der Runde vortragen, aber auch über sie hinaus, müssen sie aufeinander hören und miteinander reden, wie es den Maßstäben des Geistes entspricht, die in der Heiligen Schrift und – an erster Stelle – in den Worten und dem Verhalten Jesu vorliegen.

Unter Aufbietung ihres ganzen geistlichen Gespürs für die Botschaft Christi versuchen sie, *die evangelische Bedeutung und die Elemente der Frohbotschaft* zu erfassen, die in den Aussagen eines Sprechers enthalten sind und ihnen Wert und Gewicht verleihen. Diese besondere Weise des Aufeinander-Hörens kann z. B. offen sein für die Not der Ärmsten oder die Eintracht unter den Menschen, den Sinn für Gerechtigkeit oder barmherzige Vergebung... – sagen wir einmal: offen für das, was mit der Agape im Einklang steht, wie in dem Kapitel „*Wie man Kopfarbeit leistet*" ausgeführt worden ist. Im Rahmen des Beispiels unserer Reisenden, die sich einen ihnen angemessenen Weg zur Erreichung des Zieles aussuchen mußten, hätten sie vielleicht den Vorschlag einer Flugreise abgelehnt, weil sie nicht zu ihrem Ideal der evangelischen Armut paßte.

Hier ist eines der besten Beispiele, die ich erlebt habe: In unserer Stadt wurde ein neues Viertel gebaut. Da diese Siedlung als Wirtschafts- und Verwaltungszentrum gedacht war, umfaßte der Bebauungsplan viele Bankniederlassungen wie auch Büros für die Stadt- und Regionalverwaltung. Viele Religionsgemeinschaften neigten auch dazu, sich für die Präsenz der Kirchen in diesem Stadtteil einzusetzen. Auf einer Sitzung, auf der es darum ging, ob sich Religionsgemeinschaften in dem Viertel niederlassen sollten, sprach ein Stadtbaumeister, der über die Zukunftsabsichten der Stadt orientiert war, über das Bauvorhaben und sagte: „Es soll das Nervenzentrum sowohl der Stadt wie auch der Region werden: das Zentrum der *Macht*. Ich hoffe, die Kirchen haben es nicht eilig, dorthin zu kommen. Haben sie es aber doch, so wird das besagen, daß sie immer dorthin drängen, wo die Macht ist." Diese Bemerkung hat bei uns allen ins Schwarze getroffen. Sie brachte uns wieder alle Absagen Jesu an Kompromisse mit Geld und Macht zu Bewußtsein (Mt 6,24; Lk 22,24–27 usw.).

Jetzt wird verständlich, warum ich früher betont habe, es sei für alle an unserem Bemühen Beteiligten unerläßlich, zu Beginn ihres Abwägens Werte, Glauben und Ziel, die sie miteinander verbinden, möglichst deutlich zu definieren: während des ganzen Vorgangs muß jeder unablässig wieder zu diesen Wurzeln der Eintracht in der Gruppe zurückkehren.

Gebet

Gleichmut und aufmerksames Gehör für das, „was der Geist den Gemeinden sagt," wie Johannes es ausdrückt (Offb 2), bilden für eine christliche Gruppe die wesentlichen Voraussetzungen für das Abwägen. Entsprechendes gilt auch für Gruppen von religiös nicht gebundenen Menschen oder von Gläubigen, die versuchen müssen, innerlich frei zu sein, um den Geist ihrer Werteordnung oder ihrer religiösen Richtung zu hören.

Bleiben wir beim Fall einer Gruppe von Christen: Während des ganzen Abwägungsvorgangs ist das *Gebet* absolut unerläßlich. Die Art innerer Freiheit, von der hier die Rede ist, der Gleichmut, stammt nicht aus „Fleisch und Blut". Sie ist eine Gabe des Geistes Christi, der seinerseits gesagt hat: „Wenn euch... der Sohn befreit, dann seid ihr wirklich frei" (Mt 16,17; Joh 8,36). Nur Gott kann einen Sünder von seiner Selbstsucht befreien. Es ist also eine Gnade, um die man bitten muß. Gemeinsam (als Gruppe und jeder für sich) sind die Mitglieder gehalten, um solch eine Gabe zu beten.

Dasselbe Erfordernis gilt auch für die besondere Art, aufeinander zu hören. Wenn Johannes im Buch der Offenbarung siebenmal dieselbe, oben zitierte Aufforderung ausruft, dann wiederholt er nur, was Jesus schon gesagt hat: „Wer Ohren hat, der höre!" (Mt 11,15; 13,9.43). Das muß man oft wiederholen, denn derartiges Zuhören kommt uns nicht spontan. Der Herr hat einen Taubstummen geheilt. In diesem Wunder haben alle Kirchen immer die leibliche Darstellung der Gnade gesehen, die befähigt, auf Gottes Wort zu hören (Mt 7,31–37). Auch um diese Gnade muß man beten.

Es ist tatsächlich eine Gnade, da wir als Menschen nicht voraussetzen dürfen, daß wir gleich von Beginn an mit der Agape im Einklang stehen. Es ist vielleicht sogar schwieriger in der Gruppe, in der die dichte Nähe anderer und die Diskussion mit ihnen die unbewußte Empfindlichkeit eines jeden verstärken kann, der sich in der Dynamik der Gruppe verfängt. In einer tieferen Schicht kann nur die Gnade Gottes ersichtlich machen, wie „töricht menschliche Weisheit ist", die uns alle so sehr verlockt; nur Gott kann den Gläubigen dazu befähigen, „einzig Christus, und zwar als den Gekreuzigten" zu akzeptieren – die Agape, die wir alle in unser Leben einzulassen berufen sind (1 Kor 1,21; 2,2).

Der Augenblick der Entscheidung

Das Endstadium des gemeinsamen Abwägens ähnelt dem entsprechenden Stadium im Einzelprozeß. Nach Sichtung der Lösungsvorschläge sucht und findet die Gruppe die geeignetesten Mittel zur Verwirklichung des ursprünglichen Vorhabens. Manchmal entdeckt man vielleicht verschiedene Mittel, besonders, wenn ein und dasselbe Ziel von Partnern verfolgt wird, die auf verschiedenen Gebieten Fachleute sind (wir haben ja auch z. B. verschiedene Weisen des Dienstes an den Armen erwähnt).

Es gibt viele Beispiele für Gruppen, die ein gemeinsames Ziel verfolgt haben und zu einer gemeinsamen Entscheidung gekommen sind: die verfassunggebende Versammlung der Vereinigten Staaten hat sich schließlich darauf geeinigt, einen unabhängigen Staat mit demokratischer Regierungsform zu gründen; Henry Ford senior und seine Firmenleitung haben beschlossen, ihren Angestellten für den Verkauf der von der Firma hergestellten Autos hohe Gehälter zu zahlen; die Regierung der Vereinigten Staaten hat in dem Wunsch, Westeuropa nach dem 2. Weltkrieg als politischen Verbündeten und Handelspartner wiederaufzubauen, den Marshall-Plan geschaffen. Und die zwölf Apostel haben nach einer Weile des Abwägens beschlossen, die Heiden, die sich zur Kirche bekehrten, nicht zur Befolgung der ganzen jüdischen Gebräuche zu zwingen (Apg 15).

Im 15. Kapitel der Apostelgeschichte finden wir interessanterweise Worte, die die Gefühle jener Christen zum Ausdruck bringen. Vor der Entscheidung der Zwölf waren sie „beunruhigt". Als sie von der in Jerusalem getroffenen Entscheidung erfuhren, „freuten sie sich über die Ermunterung". Überrascht es, das zu lesen? Am Ende des Berichtes, der einen anderen, berühmten Abwägungsvorgang schildert, an dem Ignatius von Loyola und seine ersten neun Gefährten im Jahre 1539 beteiligt waren, als sie die Gesellschaft Jesu gründeten, lesen wir: „Am letzten Tag war alles, was wir zu erledigen hatten, vollbracht und in einem Geist einträchtiger Freude zu Ende geführt." Das überrascht nicht, denn normalerweise erfreuen sich, wie es schon vom persönlichen Abwägen gesagt worden ist, die Teilnehmer der Runde, wenn das Abwägen sehr gut verlaufen ist, „stimulierender" Gefühle. Warum? Gewiß spüren wir jedesmal, wenn wir eine Übereinkunft mit unseren Partnern erreichen, ein Gefühl von Freude und Zufriedenheit, und je wichtiger die Entscheidung, um so tiefer sind die Gefühle. Ist die Entscheidung aber das Ergebnis gemeinsamen Abwägens, sind die Freude und die Zufriedenheit, die man verspürt, die Folge einer Einmütigkeit, die nicht auf einem bloßen Kompromiß beruht, sondern auf einträchtiger Gemeinschaft.

Christen würden sagen, sie verkosteten, letztlich eins im Geiste Jesu, nicht den Frieden dieser Welt, sondern den, den der Herr gegeben hat (Joh 14,27). Denn er hat verheißen: „Wenn ihr meine Gebote haltet, werdet ihr in meiner Liebe bleiben, so wie ich die Gebote meines Vaters gehalten habe und in seiner Liebe bleibe. Dies habe ich euch gesagt, damit meine Freude in euch ist und damit eure Freude vollkommen wird" (Joh 15,10f.). Wenn sie das Agapegebot vom Anfang bis zum Ende ihres Abwägens halten, erfreuen sie sich, jeder persönlich in seinem Herzen, und alle gemeinsam als Gruppe, der Erfüllung der Gebetsbitte Jesu: „Alle sollen eins sein…" (Joh 17,21).

Ich habe das Abwägen des heiligen Ignatius und seiner Gefährten hier aus mehreren Gründen erwähnt. Einer davon ist der, daß, soweit ich weiß, nur dieser eine schriftliche Bericht über ein Abwägen vorliegt, an dem sich eine Gruppe von Christen beteiligt hat, die alle im persönlichen Abwägen geübt waren. Ein weiterer Grund ist der, daß alles, was schon in dem Kapitel *Wir wollen abwägen, um als Gemeinschaft eine gemeinsame Entscheidung zu treffen* gesagt worden ist, dem Erlebnisbericht entnommen ist, den diese Quelle wiedergibt. Ein dritter Grund ist der, daß der zweite Teil jenes Berichtes uns zu dem Punkt weiterführt, den ich jetzt darlegen möchte.

Kurz gesagt, so ist es diesen ersten Jesuiten ergangen. 1534 haben die ursprünglichen Sieben sich auf dem Montmartre bei Paris dem Dienste Jesu geweiht und sind paarweise ausgezogen, um in Europa zu wirken. 1539 mit drei neuen Freunden wieder zurückgekehrt, wollten sie sich darüber schlüssig werden, ob sie dazu berufen wären, aneinander gebunden zu bleiben. Nach einem ersten Abwägen haben sie eingewilligt. Aber diese Entscheidung hat eine weitere Frage aufgeworfen. Sie haben sich gefragt, ob sie als Orden beieinander bleiben wollten. Mit der neuen Frage hatte es den Haken eines Gehorsamsgelübdes, das sie an einen aus der Gruppe bände. Also begannen sie erneut abzuwägen und verfeinerten das Instrumentarium, dessen sie sich beim ersten Abwägen bedient hatten.

In dieser Situation war die neue Frage eine, die die allertiefste Wesensschicht eines jeden der Gefährten berührte: seine persönliche Freiheit. Dazu beschwor sie auch noch die schwerste Versuchung herauf: die Machtgier. Wenn die Mitglieder einer Gruppe feststellen, daß sie vor einer sehr ernsten Entscheidung stehen, einer Entscheidung, die den Kern des menschlichen Lebens betrifft, wäre es ratsam, sie verfeinerten ihr Abwägen durch Vervollkommnung des Instrumentariums, das wir schon beschrieben haben, und durch seine Erweiterung.

Ein schwerwiegender Umstand der Art, wie ich sie erwähne, ergibt sich z.B., wenn die Beteiligten durch das Treffen einer bestimmten Entscheidung Leib und Leben aufs Spiel setzen; wenn politischer Druck sie zwingen würde, ihr Berufsleben zu gefährden; wenn sie beim Entscheiden in sittlichen Ermessensfragen den Verlust ihres Ansehens riskieren müssen; oder wenn sie Widerstand gegen eine Religionsverfolgung leisten müßten. Ebenso ist die Frage, ob man in einer großen Familie noch ein weiteres Kind haben sollte, für ein Ehepaar ein hinreichend schwerwiegender Anlaß zu ernstlichem Abwägen, wie auch die Frage, ob man ein Kind adoptieren sollte. Und es schadet nichts, wenn wir unser Abwägen auch aus geringfügigeren Anlässen verfeinern.

Wacher beten

In solchen Situationen werden gläubige Menschen feststellen, daß es klug und nützlich ist, so zu handeln wie diese ersten Jesuiten. Sie haben mehr gebetet. Das heißt für die Angehörigen einer Gruppe, zu versuchen, wacher für das zu sein, worum es beim Beten geht, und nicht einfach Gebete anzuhäufen – und das aus wenigstens drei Gründen.

Erstens müssen die Teilnehmer Gott bitten, er möge ihren *Gleichmut* mehren, um sie dem Einfluß ihrer destruktiven unterbewußten Motivationen möglichst weit zu entziehen. Es wäre z. B. sicher schädlich, ein Kind aus dem Verlangen nach dem Erwerb zusätzlichen Einkommens heraus zu adoptieren.

Zweitens muß man um *Licht* beten. In einer so schwierigen Lage braucht man größtmögliche Gewißheit, da ein Fehler zu teuer zu stehen käme. Im Falle einer unangemessenen Adoption wäre er für das schlecht beratene Paar, die Familie und das Kind eine Katastrophe. Dadurch verursachter Ansehensverlust einer Gruppe kann vereiteln, was sie in Zukunft sonst leisten könnte.

Drittens wird das Beten die *Kraft* geben, die man braucht, um mit den Ergebnissen der gemeinsamen Entscheidung umzugehen. Ohne die Kraft könnte der Verzicht auf eine Berufstätigkeit zur unerträglichen Selbstzerstörung werden; der Widerstand gegen eine Verfolgung könnte zum Glaubensabfall führen, der schrecklichen Folge eines nicht-sensibilisierteren Abwägens.

Besinnung und Zurückgezogenheit

„Du aber geh in deine Kammer und schließ die Tür zu..." (Mt 6,6). Außer dem Gebet haben die Teilnehmer noch ein anderes Werkzeug angewandt:

> Keiner unter den Gefährten hat versucht, mit einem anderen in der anstehenden Sache Verbindung aufzunehmen oder ihn nach seinen Überlegungen darüber zu fragen. Zweck dieser Vorbereitung war es, jeden davor zu bewahren, sich von einem anderen überreden zu lassen und, dadurch befangen, eher zum Gehorsam zu neigen. So würde jeder nur das als vorteilhafter erstreben, was seinem eigenen Gebet und seiner Meditation entstammte.[1]

Waren die ersten Gefährten um Ignatius einander auch schon seit Jahren zugetan, so versagten sie es sich doch, vor Beendigung ihres persönlichen Abwägens miteinander die Frage zu besprechen, die sie beschäftigte. Wenn die Frage, die sich der Gruppe stellt, jedes einzelne Mitglied im Kern seines Wesens betrifft, ist es besser, jedem äußeren Einfluß aus dem Weg zu gehen. Man muß der Zurückgezogenheit absoluten Vorrang einräumen, um

---

1 Vgl. Jules J. Toner SJ, „The Deliberation That Started the Jesuits", in: Studies in the Spirituality of the Jesuits, Band IV, Nr. 4, Juni 1974 (als Kommentar zur Deliberatio primorum patrum mit einer historischen Einführung; Anschrift des Verlags siehe unter „Literatur zur Vertiefung" am Schluß dieses Buches).

sicher zu sein, daß jedes Mitglied allein überlegt (und betet) und von seinen eigenen, persönlichen Überzeugungen und dem einwohnenden Geist erleuchtet wird.

Eine Gruppe kann einen einzelnen leicht unter Druck setzen, indem sie seine Freiheit knebelt: Politische Intrige und Einschüchterungsversuche kommen ja durchaus vor. Wir müssen uns also unbeirrt an möglichst alle Vorsichtsregeln halten, damit solch ein Druck nichts ausrichten kann, wenn es um eine ernste Entscheidung geht: wenn z. B. jeder der beiden Ehegatten die Möglichkeit einer Adoption erwägt, oder wenn jeder der Partner sich bei einem gemeinsamen Unternehmen schwerer Gefahr aussetzt. Niemand kann vor dem Herrn für einen anderen eintreten. Heutzutage steht Gemeinsamkeit hoch im Kurs, und sie kann tatsächlich für jeden eine Bereicherung sein. Aber wir müssen daran denken, uns in stiller Einkehr auf uns selbst zurückzuziehen und uns *Zeit* zu nehmen, um zu prüfen, zu welchen Einsichten wir *auf uns allein gestellt* kommen. Bekannte von mir, die sich abwägend über eine Adoption klarwerden wollten, haben es so eingerichtet, hier und da zusammenzukommen, um ihre diesbezüglichen Gedanken und Gefühle auszutauschen, aber sie haben sorgfältig darauf geachtet, einander zwischen ihren Treffen ein paar Tage zu geben, um sich Zeit zum persönlichen Abwägen zu lassen.

Brauchen wir einen Außenstehenden?

Als Hilfe zur objektiven Betrachtung der Frage und zur Bewahrung der größtmöglichen inneren Freiheit ist jeder einzelne der Gefährten des heiligen Ignatius aufgefordert worden, „sich vorzustellen, er sei [der Gruppe] fremd und würde keine Aussicht haben, sich ihr anzuschließen." Dann ist jeder von ihnen gebeten worden, aus dieser Sicht „der Gruppe mitzuteilen, wie er über die Einführung oder die Nicht-Einführung des Gehorsamsgelübdes dächte". Auf diese Weise wollte man sichergehen, daß „er in dieser gedanklichen Vorstellung der Gefahr entginge, von seinen Gefühlen eher zu einer einzigen Meinung und einem einzigen Urteil hingerissen zu werden."

Es ist eine sehr schwierige Übung, aber auch ein sehr wirksames Mittel, Menschen auf den Empfang der Gnade des Gleichmuts vorzubereiten. Es ist immer sinnvoll, es zu versuchen. Jedes Mitglied wird aufgefordert, sich die Frage zu stellen: „Was würde ich, wenn ich fremd wäre, nicht zur Gruppe gehörte und von ihrem Problem nicht betroffen wäre, über die Vor- und Nachteile jedes einzelnen Lösungsvorschlages sagen?" Sie führt zu einer Art innerlich „gespaltener Persönlichkeit" und ermöglicht so den einzelnen eine gewisse Distanz zu der Auswirkung, die die Angelegenheit im emotionalen Bereich auslöst. Der Intellekt rückt so weit wie möglich von den „Trieben" ab, um die Lage objektiver zu bedenken. Dieses Verfahren ist übrigens bekannter, als wir vielleicht annehmen. Wir bedienen uns seiner immer, wenn wir jemand anderen fragen: „Was würden Sie, wenn Sie an meiner Stelle stünden, zu meiner Schwierigkeit sagen?" Wäre es dann eigentlich für die zehn Gefährten nicht viel leichter gewesen, einen richtigen „Außenseiter" zuzuziehen? Warum haben sie das nicht getan?

Warum haben sie nicht den Rat von Geistlichen, Ordensleuten oder Laien eingeholt? Genau können wir es nicht sagen, aber wir dürfen wohl annehmen, daß ein Grund dafür die Wahrung ihrer Freiheit gewesen sein könnte. Die Mehrzahl der Laien, die sich damals für die Organisation und die Probleme der Kirchen interessierten, waren Könige und Fürsten. Wir wissen, was sie getan haben, wenn man ihnen Eingriffe erlaubt hat: Ziemlich oft hat es der Christenheit nicht zum besten gereicht. Ein anderer Grund könnte darin bestanden haben, daß die meisten der Gefährten in Paris an der Sorbonne studiert hatten. Sie müssen über hinreichendes geistiges Rüstzeug verfügt haben, um das Problem, vor dem sie standen, aus eigener Kraft zu lösen. Und schließlich waren sie alle auf geistlicher Ebene durch die *Geistlichen Übungen* des heiligen Ignatius recht erfahren im persönlichen Abwägen.

Es ist mir ein Anliegen, noch einmal zu betonen, daß es für jeden von uns, wenn wir zu einer Gruppe gehören, die zu einer gemeinsamen Entscheidung kommen muß, absolut unerläßlich ist, persönlich in der Lage zu sein, selbst abzuwägen. Das ist, wohlgemerkt, die Grundbedingung. Heutzutage könnte man allerdings einen wirklichen Außenseiter bitten, sich am gemeinsamen Vorgehen zu beteiligen. Die Konsultation von Außenstehenden wird immer unvermeidlicher in unserer komplizierten Welt, in der wir nicht mehr mit dem Anspruch auftreten können, auf allen Gebieten Fachleute zu sein – wie die Jesuiten es damals im Gefährtenkreis tun konnten. Fachleute können sich in unserem Jahrhundert als kostbare und unentbehrliche Informationsquellen für unser Abwägen erweisen. Doch wir sind auf einen Außenstehenden angewiesen, dessen Kompetenz und Aufrichtigkeit außer Frage stehen.

Eine eigene Weise, die Pros und Contras zu erwägen

Als die Gefährten ihr persönliches Abwägen beendet hatten, teilten sie einander einfach und unumwunden die Resultate mit. Das geschah in zwei Schritten. Zuerst hat jeder nur seine Gründe *gegen* den Gehorsam dargelegt, seine Contras. Dann, zehn Tage später, hat jeder seine

Gründe *für* den Gehorsam dargelegt, seine Pros. Und dieses Verfahren haben sie wiederholt, bis sie zu einer Entscheidung gekommen sind.

Dieser Lösungsweg mag seltsam aussehen; aber es gibt einige gute Gründe, ihn einzuschlagen (und ich habe das Folgende in einer Gruppe aus meinem Bekanntenkreis erprobt). Vor allem fördert er die *Einmütigkeit*. Denn während sie sowohl die Pros als auch die Contras darlegten, waren sie dabei alle zusammen wie *ein einziger*. Sie waren entweder alle *dafür* oder alle *dagegen*. Man kann durch dieses Verfahren Parteienstreit und zornige Auseinandersetzungen vermeiden, und es ist sicher dem Zuhören dienlich. Im Gegensatz dazu würden, wenn der eine ein Argument vorträgt und der andere auf der Stelle mit einem Gegenargument reagiert, beide leicht als Widersacher gegeneinander auftreten und dazu neigen, ihre eigenen Vorstellungen zu verteidigen, ohne sich einander zu öffnen. Unsere Verfahrensweise verringert dieses Risiko.

Diese Technik, mit den Contras zu beginnen, könnte es einer Gruppe vielleicht auch ermöglichen, schon gleich zu Beginn jedes unüberwindliche Hindernis zu erkennen, das der Ausführung des Projektes im Wege steht. Man könnte etwa Gründe wie diese anführen: „Wir können kein Kind adoptieren, da ich gerade meinen Arbeitsplatz verloren habe. Infolgedessen können wir nicht einmal die Notariatsgebühren aufbringen, die bei der Adoption anfallen." Oder: „Wir können nicht in dieses Land reisen. Die politische Lage ist so unruhig und aufgewühlt, daß man nichts tun kann." Oder: „Wir können aus gesundheitlichen Rücksichten auf meinen Mann nicht noch einmal in diesen armen Erdteil reisen. Er verträgt das Klima nicht mehr."

Schließlich weiß jeder in der Runde schon im voraus,

daß die anderen alle denselben Weg einschlagen werden – alle gegen den Vorschlag oder alle dafür. Da man von niemandem mit Widerspruch rechnet, fühlt jeder sich freier, offen, furchtlos und rückhaltlos zu sagen, worauf er persönlich gekommen ist.

Dann haben die Gefährten Tag für Tag erwogen und überdacht, was sie gesagt und gehört hatten, um festzustellen, „wohin sich die Vernunft je mehr hinzuneigen" schien (*Geistliche Übungen*, Nr. 182), und schließlich ihre gemeinsame Entscheidung getroffen – nämlich miteinander einen neuen Orden zu gründen, die Gesellschaft Jesu:

> Unsere Bemühungen haben fast drei Monate gedauert, von Mittfasten bis zum Fest Johannes des Täufers. An diesem Tag war, wenn auch nicht ohne lange Nachtwachen, viel Gebet und geistige und körperliche Arbeit, die der Beratung und der Entscheidung vorausgegangen sind, unser ganzes Werk vollbracht und in einem Geist einträchtiger Freude zu Ende geführt.

Drei Monate? Hier befinden wir uns wieder am Anfang unseres Buches, wo wir erstmals die Rahmenbedingung *Zeit* erwähnt haben. Jawohl, man braucht Zeit. Hast hat mit echtem Abwägen nichts zu tun.

Fragen

Der Hilfesuchende

• Wie gehe ich zu Werke bei der Vorbereitung der Darlegung meines Problems? (Habe ich z. B. eine kurze Zusammenfassung gemacht, die wichtigen Ereignisse in ihrer zeitlichen Folge aufgelistet, diesbezügliche Dokumente mitgebracht?)

• Wie weit geht meine Offenheit bei der Schilderung meiner Gefühle angesichts der Ereignisse, ohne exhibitionistisch zu sein?

• Wie habe ich mich darauf vorbereitet, offen und willig auf jede Frage oder jeden Vorschlag zu hören und dabei zu bedenken, daß ich frei und für die kommende Entscheidung verantwortlich bleiben muß? (Wie habe ich das letzte Mal reagiert, als man mir einen Vorschlag gemacht oder eine Frage gestellt hat, die mir nicht gefielen?)

Die Gruppenmitglieder

• Wie halte ich es mit der Vertraulichkeit?

• Wie bekunde ich meine Achtung vor dem, der spricht? (Wie z. B. stelle ich Fragen? Wie mache ich Vorschläge?)

• Wie zeige ich, daß ich die Fakten, die berichtet, und die Gefühle, die zum Ausdruck gebracht worden sind, verstanden habe?

• Wo habe ich beim Zuhören Raum gelassen, um die Wertvorstellungen des Redenden und die Länge des Weges zu würdigen, den er schon mit Gott zurückgelegt hat?

• Wie ernstlich mache ich den Vorgang zum Gegenstand meines Betens?

- Wie werde ich reagieren, wenn die Entscheidung, die getroffen wird, mir nicht gefällt?
- Ist mir klar, daß es ein Privileg und eine Gnade ist, gebeten zu werden, jemand anderem zu helfen, und bin ich dankbar dafür?

Abwägen für eine gemeinsame Entscheidung

- Wie oft haben wir uns im persönlichen Abwägen geübt, bevor wir eine gemeinsame Entscheidung in Angriff nahmen?
- Wie gehen wir mit Gedanken, Gefühlen und Persönlichkeiten um, gegen die wir uns sträuben?
- Wie lange brauchen wir, um festzustellen, ob wir denselben Ausgangspunkt haben?
- Wie oft sind wir bei unseren Überlegungen auf unser gemeinsames Ziel, unsere gemeinsamen Werte und unseren gemeinsamen Glauben zurückgekommen, auf unsere „Vision" und unsere „Sendung"?
- Welche Sicherheitsmaßnahmen haben wir zum Schutz der Freiheit eines jeden einzelnen ergriffen (vor Winkelzügen, Intrigen, Cliquenwirtschaft usw.)?
- Wie oft machen wir den Vorgang einzeln und in Gemeinschaft zum Gegenstand unseres Gebetes?
- Wie gehen wir vor, wenn wir einen außenstehenden Fachmann hinzuziehen?
- Wie fügen wir den Beitrag des Fachmannes in unser gemeinsames Ziel, unsere Werte, unseren Glauben, unsere „Vision" und „Sendung" ein?

Für alle

- Wie steht es mit den Armen?

Schlußgedanken zu unseren Entscheidungen

Letzte Bewährungsprobe und Urteil

Jesus sagte zu den Leuten: „Sobald ihr im Westen Wolken aufsteigen seht, sagt ihr: Es gibt Regen. Und es kommt so. Und wenn der Südwind weht, dann sagt ihr: Es wird heiß. Und es trifft ein. Ihr Heuchler! Das Aussehen der Erde und des Himmels könnt ihr deuten. Warum könnt ihr dann die Zeichen dieser Zeit nicht deuten?" (Lk 12,54ff.). Könnte Jesus diesen Vorwurf heute noch erheben? Daß viele Menschen trotz allem, was sie sahen und hörten – und das sogar, obwohl er in Fleisch und Blut vor ihnen stand – nicht erkennen konnten, wer er war, zeigt, daß es nicht so leicht war, ihn zu erkennen, wie wir uns das manchmal naiverweise vorstellen.

Ist es etwa schwieriger, die Gegenwart seines Geistes in unserem Leben hier und jetzt zu erkennen? Wir alle haben unsere Blindheit und Taubheit als Ehegatten oder Eltern, Freunde, Kollegen oder Bürger erfahren. Aus diesem Grund müssen wir ja lernen, systematischer abzuwägen, wenn wir im „Fleisch" unserer Familie, des gesellschaftlichen, wirtschaftlichen und politischen Lebens beim Herrn der Liebe sein wollen. Methodischer abzuwägen, hilft uns, die Zeichen des Geistes zu sehen, der brausend weht, zu hören, wo der Geist säuselt, und zu entdecken, wo und wie wir berufen sind, der Agape zu dienen (Joh 3,8; Röm 8,26f.; 1 Kön 19,12f.).

„Sehen… hören… dienen": diese Worte bringen uns zur *endgültigen* Prüfung des Wertes unseres Abwägens und Entscheidens. Wenn Sie überrascht sind, hier auf den letzten Seiten dieses Buches einen letzten Test zu finden, rate ich Ihnen, das Matthäus-Evangelium aufzuschlagen, wo Sie ihn an einer ähnlichen Stelle finden werden. Bei Matthäus befindet sich diese Prüfungsnorm am Ende der Predigt Jesu und lenkt unseren Blick auf das Ende der Zeiten, wenn wir alle vor den Schranken des *Letzten Gerichtes* stehen (Mt 25,31–46).

Jesus sprach: „Ich war hungrig, und ihr habt mir zu essen gegeben; ich war durstig, und ihr habt mir zu trinken gegeben; ich war fremd und obdachlos, und ihr habt mich aufgenommen; ich war nackt, und ihr habt mir Kleidung gegeben; ich war krank, und ihr habt mich besucht; ich war im Gefängnis, und ihr seid zu mir gekommen." Und die Leute fragten: „Wo und wann haben wir dich in solch einer Lage gesehen?" Die Antwort kennen wir gut: „Amen, ich sage euch: Was ihr für einen meiner geringsten Brüder getan habt, das habt ihr mir getan." Matthäus stellt diesen Test der Leidensgeschichte Jesu unmittelbar voran. Als für Jesus der Augenblick kam, in dem er im Gefängnis und, nackt am Kreuz, einer der ärmsten Gekreuzigten sein sollte, waren die Apostel nicht da. „Wart ihr da, als sie meinen Herrn gekreuzigt haben?", heißt es im Lied... Die Zwölf waren geflohen, hatten ihn verleugnet und verraten. Sie haben im Test versagt.

Ob wir, gleich unter welchen Umständen, allein oder als Gruppe, abwägen: Letztlich besteht der Prüfstein für unsere Entscheidung darin, wie wir die Armen sehen, ihren Aufschrei hören und ihnen dienen. *Die Armen kommen an erster Stelle.*

Es gibt Menschen, die von einer systematischen Methode des Abwägens nichts wissen, aber nie im Leben, wie der Priester und der Levit im Gleichnis vom Barmherzigen Samariter, am Herrn vorbeigegangen sind. Sie gleichen dem Mann, der beim Anblick seines verletzten Bruders „Mitleid hatte" (Lk 10,25–37). Bei der Regung des Mitleids klingen die Melodien der Agape zusammen. Und deshalb ist dieser Test unfehlbar.

Wenn wir z. B. denjenigen berücksichtigen, der im Augenblick am meisten leidet, sind wir *leibhaft*. Wir *geben*, wenn wir jenem Armen dienen, und werden *hingegeben*, wenn wir dem Leid dieses einen unsere ganze Aufmerksamkeit schenken. Wir tun einen Schritt in Richtung *Universalität*, wenn wir aus unserem eigenen Kreis ausbrechen, um uns nach demjenigen auszustrekken, der verstoßen, ausgeschlossen, verachtet oder an den Rand gedrängt wird. Im *Einssein* ist das Mitleid sogar verwurzelt; lateinisch *com-pati* bedeutet: mit jemandem vereint leiden. Wenn wir es mit Meister Eckeharts Wort halten: „Ganz gleich, was Gott tut, der erste Aufbruch ist immer das Mitleid"; das Mitleid ist das verläßlichere Zeichen für Gottes Gegenwart und Handeln in uns.

Wenn es auch stimmt, daß es Menschen gibt, die sich so im Einklang mit Gottes Geist, dem Geist des Mitleids, befinden, daß sie ganz von selbst aus Agape zu handeln scheinen – wer sind wir, daß wir annehmen dürften, wir gehörten auch dazu? Wäre es nicht besser, Agape zu sein und zu leben durch das Mitleid mit den Armen *und zugleich* methodisch abzuwägen? Wir wollen hoffen, daß jeder von uns, wie auch wir alle, durch das Abwägen zu tieferem Mitleid finden kann, so daß wir mit um so mehr Berechtigung einer Welt, die sich nach dieser Frohbotschaft von der leibhaftigen Agape in Menschengestalt sehnt, mit Johannes sagen können:

Was von Anfang an war,
was wir gehört haben,
was wir mit unseren Augen gesehen,
was wir geschaut
und was unsere Hände angefaßt haben
vom Wort des Lebens...
Was wir gesehen und gehört haben,
das verkünden wir euch,
damit auch ihr Gemeinschaft mit uns habt...
Wir schreiben dies,
damit unsere Freude vollkommen ist. *(1 Joh 1,1–4)*

Leben in Fülle

Du sollst ihn erkennen, wenn er kommt,
nicht an dröhnendem Getrommel,
noch am überwältigenden Gehabe,
noch an der Kleidung,
noch an seiner Krone,
noch an seinem Prunkgewand.

Denn seine Gegenwart wirst du erkennen
an der heiligen Harmonie,
mit der sein Kommen dich erfüllt.

(Unbekannter Autor des 15. Jahrhunderts)

Der Dichter hat in einem Wort zusammengefaßt, was das Abwägen schließlich in uns bewirkt: *Harmonie*. Der Trost, den wir bei Beendigung des Entscheidungsvorganges empfinden, beweist, daß wir uns mit uns selbst und mit Gott im Einklang befinden. Wenn das Abwägen uns zur Gewohnheit wird, ist das die Art von Harmonie, die wir immer öfter zu empfinden hoffen dürfen.

Wir befinden uns in Harmonie, weil die verschiedenen Teile unseres Wesens öfter miteinander ausgesöhnt, in Frieden, eins sind. Unser plumpes Rationalisieren verdrängt nicht mehr so viele unserer Gefühle; infolgedessen haben wir weniger irrationale Ausbrüche. Unsere Triebe verlieren ihre Fähigkeit, unser Denken zu manipulieren und zu versklaven, so daß wir es nicht mehr für nötig halten, unseren Geist hinter trotzigen und aggressiven Behauptungen zu verschanzen. Nach und nach werden wir von den inneren Konflikten befreit, die uns früher zerrissen oder in unserem Verhalten von einem Extrem in das andere gedrängt haben.

Wir befinden uns in Harmonie, weil jetzt sowohl unser Kopf als auch unser Herz öfter empfänglich ist für unseren Gott, unsere Werte, unseren Namen und unsere Aufgabe, was immer das Leben bringen mag. In dem Maß, in dem wir freier werden, sind Kopf und Herz vereint eher in der Lage, ein Leben zu führen, wie es der Agape entspricht. Kein Trommelwirbel verkündet, daß diese „Heilige Harmonie" in uns waltet, denn unser Tun schlägt erst allmählich feste Wurzeln in Leben und Liebe, im Geist der Agape. Wir kommen immer mehr zur Ruhe in uns selbst, da wir Schritt für Schritt den Rhythmus des Gotteswortes in uns besser aufnehmen und mit tieferem Vertrauen auf eine ganz einzigartige und persönliche Weise unseren Weg mit dem Herrn gehen. Wir befinden uns in Harmonie, wir *sind* Harmonie, denn wir entscheiden uns leichter für Liebe und Leben als für den Tod.

Wenn wir diese Harmonie verspüren, beginnen wir zu verstehen, wie wahr es ist, was Irenäus von Lyon im zweiten Jahrhundert verkündet hat: „Die Herrlichkeit Gottes ist der Mensch in der Fülle des Lebens." Das heißt nicht, daß wir großartige und umwerfend triumphale *Verwandlungen* durchmachen: kein „Gehabe", keine

„Krone", kein „Prunkgewand", wenn das auch manchmal für einige Menschen zutreffen könnte. Was wir aber durchmachen, ist eine fortschreitende *Verklärung*. Wir sind immer noch derselbe Mensch mit seinen Schwächen und Grenzen, aber andere können vielleicht öfter feststellen, wie die Kraft der Liebe uns durchflutet, und hin und wieder können wir es vielleicht selbst feststellen. Vielleicht empfinden wir uns noch nicht als Menschen in der „Fülle des Lebens", aber immer offensichtlicher kann das Leben der Liebe durch uns nicht behindert werden, verklärt das Leben der Liebe die meisten unserer Taten. Die Menschen „können [unsere] guten Werke sehen und Gott preisen" (Mt 5,16).

Die allmähliche Besserung unseres Verhältnisses zu uns selbst hat zur Folge, daß wir immer weniger dazu neigen, unsere Gebrochenheit auf unser Verhältnis zu anderen zu projizieren. So erleben wir auch als Angehörige einer Gruppe – vorausgesetzt, wir haben uns alle das persönliche Abwägen zu eigen gemacht –, wenn wir zu einer gemeinsamen Entscheidung gelangen, wechselseitige Harmonie. Als Partner in der Entscheidungsfindung erfahren wir „einträchtige Freude", denn wir haben miteinander einen langen Weg zurückgelegt: Wir haben uns bemüht, einen *gemeinsamen* Ausgangspunkt zu finden, und sind schließlich zu einer *gemeinsamen* Entscheidung gelangt, weil wir uns in der Wahl der Mittel *geeinigt* haben. Wir mögen auf dem Weg miteinander gestritten haben; aber jetzt, nachdem wir gelernt haben, uns selbst gegenüber friedlicher zu sein, leben wir auch im Frieden miteinander.

Im Lauf des Verfahrens haben wir viele Befreiungen an uns geschehen lassen, von denen einige schmerzlich waren: Wir mußten unsere Ausdrucksscheu überwinden, die Furcht, unsere Verwundbarkeit bloßzulegen, das Widerstreben gegen eine möglichst tiefreichende Mitteilung diskret zu behandelnder Sachverhalte. Wir haben es gewagt, eine Zeitlang geteilter Meinung zu sein, und dadurch die Furcht vor unseren Entzweiungen besiegt, die Furcht voreinander, die *Furcht vor dem anderen, die Furcht vor uns selbst.* Aber unsere schließliche Harmonie rührt auch daher, daß wir Gott allmählich unsere Herzen, Triebe und Stimmen auf dieselben Grundschwingungen haben bringen lassen, in die Tonart, in der der Geist die Melodien der Agape singt.

So geht an uns als einzelnen wie als Angehörigen einer Gruppe die Bitte Jesu in Erfüllung, „daß sie eins sind" (Joh 17,21 f.). Die Harmonie, die uns so erfüllt, bringt uns den Frieden und schenkt uns manchmal Freude – einen Frieden und „eine Freude, die uns niemand nehmen kann", weil wir zu dem gelangt sind, *was wir wirklich wollen.*

Sehr oft auf dem Weg durch den Tod

Es ist kein Zufall, daß Jesus sein Geschenk des Friedens und der Freude im Zusammenhang mit seinem Leiden erwähnt hat (Joh 14,27; 16,21 f.). Denn es stimmt, daß die Wonne, die wir beim Abschluß des Abwägens in einer ernstlichen Angelegenheit empfinden, mit unbeschwertem und oberflächlichem Glück nichts zu tun hat. Das Unternehmen ist manchmal eine mühsame Reise gewesen. Ich habe die Schwierigkeit zum Teil in diesem Buch schon früher geschildert; aber jetzt möchte ich noch ein paar Aspekte erwähnen, die seine Durchführung erschweren.

Erreichen wir auf unserer Wanderung einen Knotenpunkt, an dem mehrere Straßen zusammentreffen, müssen wir eine von ihnen nehmen, wenn wir weiterkommen wollen. Tatsächlich können wir nur eine Richtung wählen, und durch diese Wahl begeben wir uns der Möglichkeit, die anderen einzuschlagen. Auch das vollendetste Abwägen ändert diese nüchterne Tatsache nicht, und das tut weh; in jeder Entscheidung, die wir treffen, liegt ein Vorgeschmack des Sterbens. Wir können also der Vergangenheit sterben, die wir hinter uns lassen, oder dem alten Menschen, den wir ablegen um des neuen willen, der wir sein sollen. Aus diesem Grund können zum Abwägen Augenblicke des Schmerzes, des Ringens und sogar des Todeskampfes gehören. Diese bedrückende Not überrascht nicht, wenn wir bedenken, daß das Abwägen bedeuten kann, daß man verstandesmäßigen Lösungen erstirbt, die für uns im Augenblick nicht in Frage kommen, und daß man gefühlsmäßigen Motivierungen erstirbt, die man im Rahmen der vorliegenden Gegebenheiten nicht berücksichtigen kann. Wir müssen vielleicht schönen Träumen ersterben, weil sie heute für uns unpassend sind. Wir ersterben ausgeklügelten Absicherungen oder der sofortigen Erfüllung unserer Erwartungen. Was immer wir entscheiden, wir sterben. Aber wir sterben nicht allein...

Von seinem Frieden und seiner Freude hat Jesus während des letzten Abendmahles mit seinen Jüngern gesprochen; es war ein Abschiedswort vor seinem Tod (Joh 14,37; 15,11). Ein sehr wichtiger Entschluß könnte auch für uns ein Abschiedswort an Menschen und an Stätten sein, die wir gekannt haben. Selbst wenn wir uns einer sehr bewährten Methode bedienen, können Entscheidungen mit Verlustrisiken verbunden sein.

Der Weg, den wir gehen, ähnelt sehr demjenigen, den wir bei unserem leiblichen Tod zurücklegen: Wir sterben allein und doch wieder nicht allein. Wir sterben insofern allein, als wir für jede Entscheidung persönlich verantwortlich sind. Sie ist unser Weg, auf dem niemand, nicht einmal unsere engsten Freunde, uns folgen kann (Joh 13,36). Aber in einem anderen Sinne sterben wir nicht allein, da unsere Entscheidungen sich auf unsere Freunde auswirkt und Kreise zieht zu anderen Menschen hin. Jede Entscheidung ist für jeden von ihr Betroffenen eine Aufforderung zu einem Pascha und einem Exodus: Wir ziehen alle aus unserer alten Heimat, hinüber in ein neues und unbekanntes Land, sterben, um wiedergeboren zu werden (Ex 14; Jos 1).

Wenn aber unsere „Stunde gekommen ist", müssen wir gehen, eingedenk der Worte Jesu: „Wenn das Weizenkorn stirbt, bringt es reiche Frucht" (Joh 12,23 f.). Der Tod hat nie das letzte Wort, denn „verschlungen ist der Tod vom Sieg," von Jesu Sieg (1 Kor 15,54). Wenn eine Entscheidung uns alle in solch ein Pascha führt, laßt uns hoffen, daß wir, „wenn wir ihm gleich geworden sind in seinem Tod, mit ihm auch in seiner Auferstehung vereinigt sein werden" (Röm 6,5).

„Alles soll gut sein"

Mag sie weh tun oder nicht: Jede Entscheidung, die man nach ernstlichem Abwägen trifft, führt in ein neues Leben hinaus. Und wenn der Ausblick auf dieses neue Leben in uns ein Gefühl von Harmonie weckt, dann weil es uns und dem Ruf des Geistes in der tiefsten Schicht unseres Seins entspricht. Es ist das, *was wir, sowohl wir als auch der Geist, wirklich wollen.* Denn unsere tiefste Sehnsucht, die unsere und die Gottes, ist unser *Wohlergehen.*

So hat eine meiner Bekannten es erlebt. Sie hat mir erzählt:

Eine meiner Sorgen war damals die Suche nach dem Willen Gottes. Ich habe mir immer wieder gesagt: „Wenn ich Gottes Willen erkennen und tun würde, hätte ich Ruhe, und alles wäre gut." Aber schon der Gedanke an Gottes Willen erschreckte mich, weil ich sicher war, er würde von mir ein furchtbares Opfer verlangen, ein Opfer, in das ich niemals einwilligen könnte.

Ich erinnere mich, wie ich eines Freitagabends auf dem Bett lag und dem Problem des Gotteswillens nachgrübelte. „Gottes Wille ist unser Heil", war der Satz, der mir zu schaffen machte. Ich hatte das Wort *Heil* in einem Bibellexikon nachgeschlagen: Es bedeutete Wohlergehen. Als ich ersatzweise die Worte: „Gottes Wille ist unser Wohlergehen", einfügte, ging mir plötzlich auf – so wie man unverhofft entdeckt, wohin ein Teil in einem Puzzle paßt –, daß Gottes Wille *mein* Wohlergehen ist. Die tiefste Sehnsucht Gottes, das Streben Gottes, ist auf mein Wohlergehen ausgerichtet. Ich brauche mich hier unten also nicht mein Leben lang zu plagen, um etwas zustande zu bringen, das sich mit dem unvorhersehbaren Plan Gottes da oben verträgt – und dabei Angst zu haben, er entspräche mir vielleicht nicht. War das für mich ein Schock! Gott wollte mein Wohlergehen? Das war ganz und gar nicht der Gott, den ich mir vorgestellt hatte. Genau in diesem Augenblick merkte ich, daß jemand da war: eine raum-zeitliche Gegenwart, die man nicht sah und nicht hörte, die aber alles völlig durchdrang... und die Haltung eines Bittstellers einnahm.

Dieses Zeugnis verrät eine ziemlich verbreitete Sicht des Lebens. Häufig handeln wir so, als glaubten wir, wir bezögen, wenn wir Gottes Willen erfüllten, unser Wohlergehen sowohl „vertikal" wie auch „horizontal" *von draußen.* Wir beziehen es „vertikal", wenn wir z. B. in uns Frieden empfinden, weil wir den Willen eines Wesens erfüllt haben, das *irgendwo anders* – im Himmel *oben* – wohnt. Wir beziehen es wiederum „horizontal", weil unser Wohlergehen als eine Belohnung gesehen wird, die man erhält, *nachdem* man Gottes Willen getan hat: „Tu das, und *dann* wirst du Ruhe haben." Wenn wir es so sehen, stellen wir uns einen *Abstand* zwischen Gottes Willen und unserem Wohlergehen vor: einen räumlichen Abstand – *über* uns im Gegensatz zu *in* uns – und einen zeitlichen Abstand – zwischen dem Augenblick, in dem wir etwas tun, und dem Augenblick der darauf folgenden Belohnung, das Vorher und Nachher unseres Handelns. Solch ein Außenverhältnis zwischen Gottes Willen und unserem Wohlergehen erklärt unsere Angst: Jeder Lohn, jede Verfügung über uns, die ohne unser Zutun von einem Außenseiter festgesetzt werden, könnte uns vielleicht nicht entsprechen, könnte uns in unserem Sosein bedrohen. Das ist es, was im Bericht meiner Bekannten steht.

Dieses Buch hingegen zeigt, daß ein sorgsam durchgeführtes Abwägen am Ende des Vorgangs sowohl den Abstand als auch die Angst beseitigt – mag, wie wir gesagt haben, die Jagd nach meinem Wohlergehen mich auch durch ein schmerzliches Pascha führen, weit hinaus über meine trügerischen Träume, Wahnvorstellungen, Masken, Idole und erstrebenswerten Ideale. Ernstliches Abwägen, das mich zu dem führt, was wir *wirklich wünschen, sowohl Gott als auch ich bei mir selbst*, beseitigt den vertikalen Abstand. Gottes Wille ist mein Wille im Kern meines Wesens. Und es beseitigt ebenso den horizontalen Abstand. In dem Augenblick, in dem ich „Ja" sage zu dem, was ich wirklich will, stellen sich Trost,

Friede und Harmonie ein; ich spüre, daß mir wohl ist. Diese Gefühle verschwinden in der Regel nicht, wenn die Entscheidung in die Tat umgesetzt wird, selbst dann nicht, wenn ihre Verwirklichung schwerfällt, denn der Trost gibt uns Kraft.

Der Autor des Buches Genesis zeigt uns am Beispiel des Gemäldes, das er uns von Adam und Eva liefert, daß Gottes Wille und Verlangen unser Wohlergehen ist. Bevor sie sich dafür entscheiden, ihr wirkliches Wohl im Stich zu lassen, leben sie im Garten Eden in Harmonie mit der Natur, mit den Tieren, miteinander und mit dem Schöpfer (Gen 2 f.). Die ursprüngliche Absicht Gottes ist daher dem Autor dieser mythischen Geschichte klar: daß „alles gut sein soll" (Juliana von Norwich). Und das ganze Alte Testament erinnert uns durch die Beschwörung des menschlichen Heimwehs nach dem Zustand vor der Verwundung daran, daß Israel an dem Glauben festgehalten hat, Gott tue immer alles, was möglich ist, um die Menschheit zu heilen, ihr zu vergeben und sie zu retten.

Jesus steht in dieser Tradition. Wenn er die Massen speist, geschieht es überreichlich (Mt 14,20; 15,37). Wenn er bei einer Hochzeit anwesend ist, liefert er der Festgesellschaft köstlichsten Wein in Fülle (Joh 2). Wenn er heilt oder vergibt, schenkt er den Menschen wieder ihr Wohlergehen. Er ist der Gute Hirte, bei dem es niemandem „an etwas mangeln soll" (Ps 23). Alle seine Taten bekräftigen seine Worte: „Ich bin gekommen, damit sie das Leben haben und es in Fülle haben" (Joh 10,10).

Gottes Verlangen nach unserem Wohlergehen ist so leidenschaftlich, daß nichts es aufhalten kann. Das ist am Ende des Berichtes meiner Bekannten ersichtlich:

Die Haltung dieses heiligen Bittstellers war so ausgesucht zart und unaufdringlich, daß ich keine Angst haben konnte. Ich bin sofort aufgestanden, ich habe nicht gezögert, „Ja" zu sagen. Eine ganze Weile war ich ganz in dieser Gegenwart aufgegangen und in völlige Selbstvergessenheit geraten.

Danach habe ich beim Versuch, sie zu deuten, die Bitte in Worte gefaßt. Sie war eigentlich eine Aufforderung. Jemand, der entwaffnend demütig und bescheiden war, bat um Erlaubnis: „Darf ich mir etwas aneignen?..."

Jetzt war ich aus dem Konzept gebracht! Ich hatte „Ja" gesagt, ohne den Rest der Frage zu hören. Aber mir schien, das war sie: „Wirst du mir etwas überlassen ... alles ... zu deinem Heil?"

Es war der Geist eines Künstlers, der schöpferische Geist, der an diesem Abend aus den Schatten aufgetaucht ist, der Eine, für den nichts unbrauchbar ist, der nichts wegwirft; alles, ganz gleich wie schlimm beschädigt, ist für ihn heilbar.

Ich hatte Gott völlig mißverstanden.

Das wohl beste Beispiel für diese Auffassung von Gott bringt uns die christliche Überlieferung. Um unseres Heiles willen hat Gott sich einer erschütternden menschlichen Tragödie unterworfen, die sich aus den Ereignissen ergeben hatte, der Kreuzigung Jesu, und sie zum Werkzeug unseres Heiles gemacht. Der Kreuzweg ist kraft des Verlangens Gottes nach unserem Heil zum Weg der Rettung geworden. Und Gott tut das immer noch für uns; durch eine „Macht, die in uns wirkt," tut der Herr „unendlich viel mehr, als wir erbitten oder uns ausdenken können," und nimmt alles, was das Leben uns bringt, in seinen Dienst und macht es zu einer Gnade für unser Heil (Eph 3,20 f.). Wir borgen aus dem *Tagebuch eines*

Landpfarrers von Georges Bernanos die Worte des Pfarrers, ein Echo der Worte des heiligen Paulus im 8. Kapitel des Römerbriefes, und können sagen: „Alles ist Gnade", sogar wenn wir beim Abwägen vor einem Pascha stehen.

Wozu wir täglich gefordert sind, ist dies: Ob unsere Entscheidungen groß oder klein sind – aus der Speisekarte auswählen, umziehen, einen neuen Arbeitsplatz suchen, heiraten, ledig bleiben, eine Seelsorgstätigkeit annehmen, eine Schule für unsere Kinder aussuchen, ein Geschäft eröffnen usw. –, wir müssen abwägen und mit dem Geist der Agape genau prüfen, wo das Leben und die Liebe, unser wirkliches Wohlergehen, für uns liegen könnten. Gott will unser Wohlergehen und beruft uns immer und überall dazu. Die Liebe rings um uns und die Liebe in uns spüren uns im verborgensten oder im ganz öffentlichen Leben auf, wie die Liebe in Nazaret und in Jerusalem nach Jesus gesucht hat. Die Liebe wartet auf uns an den sympathischsten und den unsympathischsten Stätten, wie die Liebe in Kana und auf Golgota auf Jesus gewartet hat.

Wenn wir mit der Übung des Abwägens beginnen, meinen wir, *wir* suchten nach Gott; wenn uns das Abwägen geläufig wird, entdecken wir, daß bei jeder Entscheidung Gott zur Stelle war auf der Suche nach uns und uns ein *Stelldichein* im Kern unseres Seins gegeben hat. Gottes Wille soll uns aufsuchen, bei uns sein und bei uns bleiben in allen unseren Lebensumständen. Und wenn wir mit unserem Abwägen fertig sind, wenn es zur vollen Erkenntnis, Entscheidung und Begegnung kommt, ist unser Heil da, die Agape, die sich tief in unserem Herzen offenbart als Gott-mit-uns, Emmanuel.

Bei all unserem Abwägen wiederholen wir die Worte der Braut: „Habt ihr ihn gesehen, den meine Seele liebt?" Aber auf dem ganzen Weg ist sogar unsere Suche schon

Antwort an den Geist gewesen, der tief in uns, durch alle Ereignisse, flüstert: „So komm doch, meine Freundin" (Hld 2 f.).

Immer unvollendet: eine Gnade

Die Geschichte der Braut im Hohenlied erinnert uns daran, daß unser Verhältnis zu Gott eine Liebesgeschichte ist, in der wir immer wieder „verlorengehen und wiedergefunden" werden (Lk 15,32). Die Suche, und dann auch die Notwendigkeit des Abwägens, geht nie zu Ende, bevor wir sterben. Solange wir hier auf Erden sind, sind wir unterwegs und wählen unseren Weg für eine Reise, *die kein Ende hat.*

Sie ist zunächst in uns unvollendet. Unsere innere Harmonie gelangt nie zur Vollendung. Es stimmt, daß einige unserer Wunden heilbar sind, aber einige von ihnen werden zu mehr oder weniger empfindlichen Narben, und einige bleiben als Traumata zurück. Die Absicht dieses Buches war es, nahezulegen, daß es für einen jeden von uns das Wichtigste ist, sie zu kennen und in der Lage zu sein, in dieser Kenntnis unser Leben zu führen und uns dabei für das Leben und die Liebe, für unser Heil, zu entscheiden.

Unsere Reise ist auch noch in einem anderen Sinn unvollendet. Die meisten von uns können damit rechnen, noch ein paar morgige Tage zu sehen, und so dürfen wir annehmen, daß wir noch vor manchen Entscheidungen stehen werden und damit vor so manchem Abwägen – und weiteren Pascha-Hinübergängen... bis zum letzten, unserem leiblichen Tod. Wir werden nie völlig geheilt und kommen nie ganz nach Hause, bis wir das letzte Rote Meer durchqueren und einziehen in das Land der Verheißung und die endgültige Befreiung durch und in Gott erleben. Im Augenblick aber ist alles und jeder unvollendet.

Das paßt uns nicht, da wir alle leicht vergessen, daß wir Nomaden sind – Juden, Christen und Moslems, allesamt Erben der jüdischen Stämme und ihres Gottes. Doch die Bruchstückhaftigkeit unseres Lebens ist ein Segen. Sie gibt uns die Gewißheit, daß, wenn hier und jetzt für uns und durch uns nichts völlig erreichbar ist, nichts endgültig verlorengehen oder versäumt werden kann, nichts völlig irreparabel ist – *unvollendet* bedeutet, daß kein Tod eine ausweglose Sackgasse ist. Unvollendet zu sein, ist eine Gnade: Es ist ein Geschenk des Erbarmens an uns, wenn wir bei unseren Entscheidungen versagen, es ist eine Herausforderung für uns, durch jede Entscheidung „noch einen Schritt voran" zu tun. Das Wort *unvollendet* läßt an *unendlich* denken. Es ruft uns auf eine Straße, die nie gesperrt und blockiert ist, eine Straße, die weit offen ist für das Leben, für das ewige Leben. Es ist für uns eine Aufforderung, uns mit den abgrundtiefen Melodien der Agape in uns vertraut zu machen und, wie Schubert, unsere eigene „Unvollendete Sinfonie" zu komponieren, Schritt für Schritt, von einer Entscheidung zur anderen.

> Tag für Tag, lieber Herr,
> bitte ich Dich um dreierlei.
> Dich deutlicher zu sehen,
> Dich inniger zu lieben,
> Dir enger aufzuschließen,
> Tag für Tag.
>
> *Richard von Chichester*
> *um 1197–1253*

ANHÄNGE

Anhang 1

Mehr über die vier Kriterien

In Arbeitskreisen, die ich veranstaltet habe, empfanden verschiedene Gruppen die Notwendigkeit, den Inhalt der vier Kriterien systematischer zu untersuchen, als ich es im Kapitel *Wie man Kopfarbeit leistet* getan habe. Hier sind die Nachträge der Teilnehmer:

Erstes Kriterium: Feste Verwurzelung (Leibhaftigkeit)

- Mich zu nehmen, wie ich bin, und nicht, wie ich zu sein träume: meinen Leib zu akzeptieren (meine Größe, mein Gesicht, meine Männlich- oder Weiblichkeit, meine Gesundheit); meinen Geist (scharf, langsam, intelligent, einfallsreich); mein Organisationstalent; meine Fähigkeit, Wichtiges zu erkennen, meine Neigung, mich in Einzelheiten zu verlieren; mein Herz (empfindsam, verwundbar, scheu, reserviert, liebevoll, mitleidig, ängstlich); mein Erbe, meine Erziehung, Ausbildung, früheren Erlebnisse, Werte; zu sein, wer ich bin, ohne Maske und ohne den Versuch, eine Rolle zu spielen – objektiv und realistisch der zu sein, der ich bin.
- Andere zu nehmen, wie sie sind, und nicht, wie ich sie gern sähe: ihren Leib, Geist und ihr Herz zu akzeptieren und zu achten; ihren Herkunftsort zu achten und den, an dem sie sich jetzt befinden, und nicht den, an dem ich sie gern sähe; ihre Vorstellungen, Meinungen, Reaktionen, Vergangenheit, Bildung, stillen Wünsche und Träume.
- Die Tatsachen zu nehmen, wie sie sind: die wirkliche Lage zu sehen, wie sie ist, vorurteils- und, wenn möglich, emotionsfrei, ganz objektiv.

- Erkundigungen zum Sachverhalt einzuziehen und mit Hilfe von Fachleuten oder Untersuchungen eine eingehende Analyse der Lage zu machen; wie ein qualifizierter Dritter vorzugehen und intellektuelle Redlichkeit zu erstreben.

- Das „Hier und Jetzt" zu akzeptieren; diesen Ort, diese Zeit, und nicht sonstwo und -wann; die Zweideutigkeiten des menschlichen Lebens mit seinen Höhen und Tiefen, das niemals völlig schwarz oder völlig weiß ist, zu akzeptieren; nicht – in der schlechten Bedeutung des Wortes – zu träumen, sondern zu prüfen, was im Augenblick möglich ist.

Zweites Kriterium: Zu geben, preisgegeben zu werden

- Zu geben: mein Lächeln, mein Wissen, meine Freundschaft, meine Kompetenz, meine Zeit, mein Geld, meine Freude, mein Mitleid, mein Verständnis, meine Fürsorglichkeit.

- Preisgegeben zu werden: andere etwas fordern oder nehmen zu lassen, das Teil meiner selbst ist (meine Zeit, mein Wissen, meine Verfügbarkeit); mich in Anspruch nehmen zu lassen (im Kreis meiner Familie, meiner Mitarbeiter); notfalls meine Ruhe, meinen Gewinn, meine Vorurteile, meine Meinung, meine Herrschaft, meine Macht bis hin zur Verwundbarkeit und Ohnmacht aufzugeben.

- Auf diejenigen zu hören, die mehr wissen als ich; zu delegieren, mich in Abhängigkeit zu begeben, großzügig zu sein, nicht darauf zu bestehen, alles selbst zu tun; den Menschen zu erlauben zu wachsen, zu lernen, Fehler zu machen und die Initiative zu ergreifen.

Drittes Kriterium: Universalität

- Daran zu denken, daß wir immer mehreren Ganzheiten angehören, daß wir uns in ihrem Schnittpunkt befinden; infolgedessen zu versuchen, sie alle zu berücksichtigen ohne eine von ihnen zu vernachlässigen.

- Tolerant zu sein, die Ideen, Worte, Projekte anderer zu begrüßen und für sie offen zu sein – selbst wenn sie zu meinen eigenen im Widerspruch stehen; Wert zu legen auf die Vorschläge anderer; mein Verhältnis zum anderen Geschlecht, anderen Generationen, Ländern, Kulturen und Religionen zu verbessern; bereit zu sein, meinen Gesichtspunkt zu ändern oder anzugleichen; Kritik gegenüber zu versuchen, ihren eventuellen Wahrheitsgehalt herauszuschälen.

- Keinen Bereich meines Lebens zu übersehen: meinen Leib, meinen Geist und mein Herz zu berücksichtigen; meine Frau, meine Kinder und meine Freunde; meine Bekannten, meinen Beruf und meine Freizeit; mein politisches, gesellschaftliches und religiöses Leben; meine Abteilung, meine Firma, meine Stadt, meinen Staat, meine Nation und die ganze Welt. Von anderen ebenso zu denken: Auch sie gehören mehreren Ganzheiten an, und sie haben das Recht, sie alle zu berücksichtigen.

- Jeder durch Geschlecht, Alter, Klasse, Rasse, Hautfarbe, Religion und Bildung bedingten Diskriminierung entgegenzutreten; eine „Ghetto-Mentalität" abzulehnen.

- In jeder Lage zu überlegen, was ein Schritt zu mehr Universalität wäre: z.B. sollte ich, wenn ich mich sehr für meine eigene Abteilung einsetze, versuchen, mich etwas mehr für meine Firma als ganze einzusetzen; vernachlässige ich die Nachbarschaft, obgleich es mir nichts ausmacht, mich im eigenen Familienleben zu engagieren?

Viertes Kriterium:
Zugehörigkeit, Verflechtung (Einheit)

• Sich gegen Gleichgültigkeit, Spaltung und Ablehnung zu wehren; Meinungsverschiedenheiten zu dulden, aber Brücken zu schlagen zwischen mir und anderen, zwischen Menschen; niemanden gegen jemand anderen auszuspielen; Zeuge und Werkzeug für Vergebung und Aussöhnung zu sein; ohne zu verzweifeln an der Eintracht weiterzuweben.

• Zu teilen und die Menschen zum Teilen dessen einzuladen, was man miteinander teilen kann; sich um diejenigen zu sorgen, die nicht im Genuß ihrer Menschenrechte stehen, und sich für sie zu verwenden; zu tun was ich kann, um überall die Vergessenen, die Ausgeschlossenen, die Ausgestoßenen und die Ärmsten mit einzubeziehen.

Anhang 2

Gilt diese Methode nur für Christen?

Wie können Menschen, die nicht an Christus glauben, sich diese Methode zu eigen machen? Jeder hat einen Kopf und ein Herz, richtet sich nach Werten und trifft Entscheidungen. Also können auch Nicht-Christen und Menschen, die nicht an Gott glauben, sich zunutze machen, was in diesem Buch steht. Und Christen können, leichter als man annehmen möchte, unter Anwendung dieser Methode auf eine gemeinsame Entscheidung hin mit Menschen abwägen, die nicht ihren Glauben teilen. Das einzige Problem, das man lösen muß, besteht in der Übersetzung der vier Kriterien in Ausdrücke, die der Sprache und den Werten der Nicht-Christen gemäß sind. Das ist nicht zu schwierig. Ich habe es auch schon mit Menschen jüdischen Glaubens ebenso wie mit Nicht-glaubenden aus meinem Bekanntenkreis getan. Lassen Sie mich die Übersetzung, die wir für diese beiden Sichtweisen erarbeitet haben, kurz vorstellen.

Eine Übersetzung der vier Kriterien aus jüdischer Sicht

Leibhaftigkeit

Das erste Kriterium erwächst sogar aus der Wurzel des jüdischen Glaubens. Gottes Liebe zu den Juden hat sich nicht allgemein und vage, sondern durch ganz konkrete – leibhafte – Zeichen bekundet. Sie war eine einzigartige Erwählung, die einem ganz bestimmten Volk in einer besonderen Zeit und einem besonderen Land gegolten hat. Es gibt auch viele sehr *konkrete* Bestimmungen im Gesetz – 613 für einige Juden –, die das Gottesvolk auffordern, seine Liebe leibhaftig zu beweisen.

Zu geben, preisgegeben zu werden

Das zweite Kriterium beruht auf den vielen *Gaben*, die Gottes Liebe zum Auserwählten Volk erkennen lassen: dem Bund, dem Gesetz und dem Gelobten Land. „Ich gab euch ein Land, um das ihr euch nicht bemüht hattet, und Städte, die ihr nicht erbaut hattet. Ihr habt in ihnen gewohnt, und ihr habt von Weinbergen und Ölbäumen gegessen, die ihr nicht gepflanzt hattet", spricht der Herr (Jos 24,13). Das Geschenk einer solchen Liebe macht es den Juden zur Pflicht, ebenso zu handeln, auch Fremden gegenüber (Dtn 24,17f.).

Die Juden sind verpflichtet, *sich* Gott so *auszuliefern*, wie Gott-Adonai sich ihnen ausgeliefert hat. Gott-Adonais Glaubwürdigkeit ist in dem Sinne in die Hand der Juden gelegt worden, daß die Heidenvölker auf ihr Zeugnis hin den Herrn erkennen könnten. Der Heilige Israels hat dieses Ausgeliefert-Sein an ihr Verhalten nie widerrufen (Ez 36,20ff.).

Universalität

Aus Liebe hat Gott Abraham erwählt und gesegnet, aber diese Erwählung und dieser Segen galt *allen* Völkern der Erde (Gen 12,3). Der Autor des Buches Genesis hat diese Huld durch Noach auf die ganze Menschheit ausgedehnt, und die Propheten haben immer wieder Gottes Gnade für alle Menschen verkündet (Gen 9,9; Jes 45; 56; Ps 87; 98). Wie könnte das auserwählte Volk sich sträu-

ben, universal zu sein, angesichts der Worte des Herrn:
„Ich komme, um die Völker aller Sprachen zusammen-
zurufen, und sie werden kommen und meine Herrlichkeit sehen" (Jes 66,18)? Diese Weltsicht ist nicht der einzige Aspekt der Universalität; es gehört auch Holismus
dazu. Wie können Juden irgendeinen Teil ihrer selbst
vergessen, wenn Gottes Umgang mit ihnen sich auf der
Ebene all ihrer konkretesten Belange vollzogen hat? Kein
Bereich des menschlichen Lebens wird in der Heiligen
Schrift übergangen. Gerade dort haben wir das dritte
Kriterium festgestellt.

Einheit

Schließlich haben wir das letzte Kriterium in der ganzen
Geschichte Israels gesehen. Ständig geprägt von einer
Eigenart, die einen Ehrentitel darstellt, ruft diese Ge-
schichte immer nach *Einheit*. Sie ist die Geschichte einer
Einheit, die unaufhörlich bedroht und erneuert wird.
Zwischen Mann und Frau z. B., zwischen den zwölf
Stämmen, die zu einem einzigen Volk werden; unter den
Juden, die aufgefordert werden, fortan in einem einzigen
Tempel ihre Feiern zu begehen; für jüdische Ver-
schleppte, die aus der Verbannung in ihr altes Heimat-
land zurückgebracht werden; zwischen Israel und den
Heidenvölkern; denn sie ist die Geschichte der Treue
Gottes in einem *Bund mit* sündigen Menschen (Gen 2 f.).

Und wenn wir hier wiederum die Einheit der vier Kriterien als fünftes Kriterium wahren, ist Gottes Treue gegenüber der Nachkommenschaft Adams und Evas durch
Israel immer ganz und ungeteilt gewesen; da man Gottes
Liebe nicht in Scheiben schneiden kann, können die Juden beim Abwägen keines der Kriterien außer acht lassen.

Eine Übersetzung der vier Kriterien für Menschen, die nicht an Gott glauben

Leibhaftigkeit

Bei Menschen, die keinen Glauben an Gott oder ein Leben nach dem Tod haben, ergibt sich das erste Kriterium daraus, daß wir nur ein einziges Leben zu leben haben. Wenn wir leben wollen, ist es also notwendig, soviel wie im Augenblick möglich für die Menschen, bei denen wir uns befinden, da zu sein, und das als diejenigen, die wir genau in diesem Augenblick sind. Der Tod, der immer bereitsteht, bei uns anzuklopfen, erinnert uns daran, unsere Zeit nicht in belanglosen Träumereien zu vertun, sondern unsere Liebe *hier und jetzt* zu verleiblichen – beide Füße auf dem Boden, denn wir werden keine weitere Chance mehr bekommen.

Zu geben, preisgegeben zu werden

Für viele Nichtgläubige fassen diese beiden Ausdrücke die Liebe zusammen. Daher ist es für sie logisch, alles *hinzugeben*, was sie können, um die Lebensverhältnisse zu verbessern. Überzeugt von der Einmaligkeit menschlicher Wesen, kämpfen sie gegen Ungerechtigkeit, Unterdrückung und Leiden. Viele haben auch in der Erkenntnis, daß Geben immer noch so etwas wie einen egoistischen Herrschaftsanspruch ihrerseits besagen könnte, entdeckt, wie wertvoll und notwendig es ist, einzuwilligen, anderen gesellschaftlichen Schichten, Kulturen und Ländern *preisgeben zu werden*, um ihnen in selbstloser Liebe zu dienen. Bücher wie *Die Kunst des Liebens* von Erich Fromm beweisen, daß auch nichtgläubige Menschen die Tiefen der Liebe ausloten können.

Universalität

Man braucht keiner Religion anzugehören, um zu glauben, daß *alle* Menschen gleich sind und ohne Unterschied dieselbe Achtung verdienen. Die wissenschaftlichen Studien der Vereinten Nationen nach dem 2. Weltkrieg, die die Nazi-Rechtfertigung des Rassismus widerlegt haben; die Menschenrechtserklärung der Vereinten Nationen; die geistigen Grundlagen der Weltgesundheits-Organisation WHO, der Internationalen Arbeitsorganisation ILO, von UNESCO und UNICEF haben das bewiesen. Universalität ist die Wirklichkeit von heute: Die Welt eines jeden ist die ganze Welt. Mit provinzieller Liebe zu lieben ist eine Einwilligung in eine Amputation vom Leib unserer Welt.

Einheit

Das vierte Kriterium kann man mit dem Wort *Solidarität* umschreiben. Wir wachsen immer mehr zusammen. Wenn einer von uns Schmerzen hat, können die anderen nicht froh und glücklich sein. Die weltweite Gefährdung durch Kernwaffen und die Verschmutzung der Erde, Bindungen, die durch unsere Medien und die Wissenschaft entstanden sind, die wirtschaftliche Verflechtung und Abhängigkeit unter den Ländern haben uns gelehrt, daß wir miteinander verzahnt sind. Was am einen Ende dieser Welt geschieht, geht jeden überall an. Wir sehen das an der Entdeckung des Penizillins, an der Ölkrise 1978, an der Erfindung von Funk und Fernsehen, an den Revolutionen in Osteuropa, an der Herstellung elektronischer Chips, an Tschernobyl in der Ukraine, an der Grünen Revolution, am Schwarzen Montag in der Wall Street im Oktober 1987 usw. Wir können die Welt nicht außer acht lassen, denn wir sind schon alle in Einheit miteinander verbunden. Die Medien bringen uns die Freuden und Leiden, die Hilferufe des Elends wie auch die Feste unserer ganzen Stadt, des ganzen Landes und der ganzen Erde ins Wohnzimmer. Wir werden immer mehr zu *einer* Welt; wenn wir lieben wollen, umarmen wir mit weitem Herzen all unsere Brüder und Schwestern, alle Menschen.

Was das fünfte Kriterium angeht, sagen wir mit Verlaub, daß die vier Kriterien wie untrennbar miteinander verbundene konzentrische Kreise sind. Das Ganze bricht auseinander, wenn man einen von ihnen vernachlässigt. Zum Beispiel erfordert echte Solidarität, daß man alle akzeptiert; aber die erwähnte universale Liebe setzt voraus, daß Menschen geben und hingegeben werden; und das wären nur leere Worte, wenn es nicht konkret, leibhaftig, verwirklicht würde.

Übersetzung des Kapitels „Wie man auf sein Herz hört" für Nicht-Christen

Nicht-Christen und Nicht-Glaubende können dieses Kapitel leicht übersetzen. Es genügt, dies zu sagen: Man braucht nur seine verstandesmäßige Lösung in die tiefsten Schichten seines Gemüts absinken zu lassen und auf das Echo zu lauschen, das von den Trieben auf die Bewußtseinsebene zurückgeworfen wird. Das besagt schon die ganz normale Frage, die wir einander oft stellen: „Was empfinden Sie dabei?" „Lähmende" Gefühle werden denen, die abwägen, sagen, daß die Lösung, an die sie denken, nicht den Beifall ihres inneren Wesens findet, weil sie sehr wahrscheinlich für sie gefährlich ist. „Stimulierende" Gefühle hingegen werden melden, daß die Lösung, die ihr Kopf erarbeitet hat, von ihrem tiefsten Selbst gebilligt wird. Wie dem auch sei, meine Feststellungen wurzeln in der Erkenntnis, die uns allen eigen ist, daß wir zutiefst irgendwie wissen, was uns schaden oder unser Leben pflegen könnte. Sogar unsere Körper wissen, ob ein verpflanztes Organ sich mit ihnen verträgt, und sie besitzen die Fähigkeit, diejenigen abzustoßen, die nicht zu ihnen passen.

Was können wir tun, um zu klären, worum es bei der Entscheidung geht?

Was kann ich tun, wenn mich das nagende Gefühl plagt, es sei eine Entscheidung fällig, ich aber Schwierigkeiten habe, die Frage „im Klartext genau zu hören"? Ich weiß vielleicht z. B., daß es dabei um die Armen geht oder um die Verlockung einer Aufgabe in Lateinamerika, oder darum, daß „ich" zu den Leuten „nicht Nein sagen kann", oder um ein leichtes Unbehagen in puncto Arbeit, aber es ist nicht klar.

Bevor ich sonst etwas tue, muß ich mir Mühe geben, auf die Frage in meinem Inneren zu hören. Manchmal ist Ausschluß ein geeignetes Mittel: „Nein, es betrifft nicht mein Verhältnis zu meinem Mann; nein, es hat nichts mit meiner Arbeit zu tun, usw."

Wenn ich mich aber nach allem Überlegen immer noch bei den Worten finde: „Ich weiß nicht genau, worum es geht", und die Frage nicht positiv zum Ausdruck bringen kann: „Ja, es geht um meinen Umzug; es geht wirklich um Geldverschwendung, usw.", wäre es besser, den Gedanken an den Versuch, zu einer Entscheidung zu kommen, fallenzulassen. Wir wollen die Frage zurückstellen. Aber wenn mir das keine Ruhe läßt, muß ich vielleicht systematische Schritte ergreifen, um die genaue Natur der Entscheidung aus den Schatten hervorzulocken.

Erstens muß ich berücksichtigen, daß ich *Zeit* brauche. Ich nehme mir Zeit: Dazu muß ich mit meinem Mangel an klarer Einsicht Geduld haben. Ihn zu ertragen, heißt, daß ich mich Druck von innen und von außen, etwas „hervorzubringen", was einer Entscheidung gleicht, widersetzen werde. Ich *widme* ihm aber auch meine Zeit: Ich plane Pausen ein zum Überlegen, Nachdenken, zur Besinnung und zum Nachsinnen. Ich lese auch etwas über den Gegenstand meines Nachdenkens im allgemeinen und bediene mich, wenn nötig, auch anderer Auskunftsmittel. Ich bete und bitte um die Gnade einer Klärung.

Zweitens könnte es sehr nützlich sein, jemanden zu finden, der mir zuhören kann, während ich mich bemühe, die Natur meines Problems zu erfassen – jemanden, der keinen Rat zu geben braucht, aber ein guter Zuhörer ist. Jemanden, der zur Klärung beiträgt, indem er mir ehrlich einen Spiegel meiner Klarheit oder Unklarheit vorhält, der weiß, wie man klärende Fragen stellt: „Soll das heißen, daß Sie nicht das Gefühl haben, Ihre derzeitige Beschäftigung biete Ihnen eine Chance, Ihre Fähigkeiten zum Lösen von Problemen einzusetzen?" – „Es ist mir nicht klar, *was* Sie an Ihrer Ehe beunruhigt." – „Was verstehen Sie unter ‚den Armen'?" Es liegt bei mir, darüber nachzudenken, ob ich hierzu jemanden brauche, der von Berufs wegen zuhört.

Ein dritter Schritt zur Selbsthilfe beim Versuch, eine vage und verschwommene Frage in Worte zu fassen, besteht darin, sich mit dem Bereich im allgemeinen zu befassen und einschlägigen Kontakt aufzunehmen. Angenommen, mich stört die Anwesenheit der Armen in meinem Bewußtsein: Ich könnte mich als freiwilliger Helfer mit befristetem Arbeitsvertrag bei einer Organisation anstellen lassen, die unter Obdachlosen wirkt, und abwarten, zu welcher Klärung es kommt; ich könnte das auch tun, indem ich als freiwilliger Helfer zu Gefangenen, Behinderten und Alten usw. ginge. Wenn ich mit dem Gedanken an eine Adoption gespielt habe, könnte ich mich

z. B. entschließen, eine Zeitlang ein Pflegekind aufzunehmen, um zu erfahren, was das für unser Familienleben und für mich bedeuten würde. Wenn der Gedanke an Scheidung in der Ferne droht, sollte ich es vielleicht mit einer Trennung auf Zeit versuchen.

Anhang 4

Geistliche Begleitung

In allen Religionen hat man Menschen mit besonderer Erfahrung in geistlichen Dingen aufgesucht, um Hilfe zu erlangen, und das sehr oft, wenn man vor Entscheidungen stand. Wenn wir das tun, wäre es besser, jemanden zu meiden, der dazu nicht qualifiziert ist oder uns nur ausbeuten will. Wie kann man also einen guten geistlichen Begleiter erkennen? Diese Anmerkung gibt zu dieser Frage einige kurze Ratschläge.

Die Benennungen, mit denen man im Christentum „Gurus" belegt hat, warnen uns schon vor möglichen Risiken. Wir haben die Ausdrücke *geistlicher Vater, Leiter, Seelenführer, Meister* oder *Seelsorger* verwandt.

Vater, Leiter, Seelenführer, Meister könnten den Eindruck erwecken, daß der Helfer alles weiß und selbst unseren eigenen Weg kennt; daher könnten wir uns von ihm Anweisungen geben lassen und uns kindlich den Befehlen des Helfers unterwerfen. Das wird in uns nie das Gefühl für unser eigenes Leistungsvermögen und unsere Eigenverantwortung zur Entfaltung bringen. (Wir wollen dagegen bedenken, daß es einem echten Vater oder Meister darum geht, das Heranwachsen der Kinder oder Jünger zur Selbständigkeit zu fördern in der Hoffnung, daß sie eines Tages selbst Eltern oder Meister sind.) *Seelsorger* scheint die bessere Bezeichnung zu sein, sofern sie Hilfe zur besseren Selbstdarstellung und Wissen zum Ausdruck bringt, das Erteilen von Ratschlägen, doch nie von Befehlen, und das Vermeiden von persönlichen Projektionen. Aber manchmal sind unsere Seelsorgsgespräche nur psychologische Beratung; wir hungern aber nach geistlicher Nahrung, denn wir sind unterwegs zu jemandem, der Gott ist.

Ich muß betonen, daß mit diesen Bezeichnungen sehr oft nur die Vorstellung von Männern verbunden war, obgleich die Geschichte trotz dieser Tendenz in unserer christlichen Vergangenheit überreich ist an Beispielen von Frauen, die für jeden sehr gute Beraterinnen in Fragen des geistlichen Lebens gewesen sind. Ich möchte darauf hinweisen, daß ich in meiner hier folgenden Beschreibung der Rolle und des Wesens des geistlichen Helfers selbstverständlich Frauen so gut wie Männer, Laien so gut wie geweihte Priester im Auge habe.

Deshalb schließe ich mich gern denen an, die sich zur Beschreibung dieser Rolle des Wortes *Begleiter* bedienen. Dieser Ausdruck besagt, daß der Weg, mag auch der Helfer mit uns gehen, der unsere ist; daß, während der Begleiter ein Musikinstrument spielt, dieses einen Gesang unterstützt, der unser eigener ist. Die vom Begleiter gespielten Akkorde können unseren Gesang verstärken und bringen vielleicht alle Möglichkeiten zum Erklingen, die er enthält. Solange wir uns der Risiken bewußt sind, die solch eine Beziehung für uns beide darstellt, spielt der Name keine zu große Rolle.

Ist der Geistliche Begleiter Psychotherapeut?

Durch die Verwendung des Wortes *Seelsorger* haben wir angedeutet, daß es für den Begleiter nützlich wäre, etwas von Psychologie (= „Seelenkunde") zu verstehen. Das wirft die Frage auf: „Ist Seelsorge Psychotherapie?" Einerseits stimmt es, daß wir im Gespräch mit unserem Helfer manchmal auf unsere Kindheit zurückkommen – und es ist unmöglich, geistlich zu wachsen und dabei von unserer Vergangenheit abzusehen –, aber anderseits besteht ein wesentlicher Unterschied zwischen den beiden Verfahren.

Einigen psychotherapeutischen Schulen zufolge reden die Patienten bei Übungen – durch Träume, Gruppentherapie und andere Verfahren – über ihr Leben. Der Therapeut geht darauf ein gemäß der Schule, der er angehört, und schickt die Patienten häufig in ihre Kindheit zurück. Man erhofft sich davon, daß durch solch eine Reise gewisse Ereignisse der Vergangenheit in die Erinnerung zurückkehren und ihr wahrer Einfluß sichtbar wird, und daß die Patienten dann ihr augenblickliches Verhalten besser entschlüsseln und bessere Entscheidungen treffen können. Frei von ihren unbewußten Motivierungen werden sie unbeschwerter mit ihrem Leben zurechtkommen. Denn seit Freud beruhen viele psychotherapeutische Methoden auf dem Glauben, unsere unbewußten Motivierungen drängten uns zur Suche nach Wohlergehen mit ungeeigneten Mitteln.

Der Therapeut schickt seine Patienten in ihre Kindheit *ohne Begleitung, allein.*

Der geistliche Begleiter leistet anscheinend durch Methoden und Übungen – Meditation, Kontemplation, gezieltes Gebet u. a. – dieselbe Arbeit. Denn zur Selbstfindung gehört immer das Aufsuchen unserer Kindheit und ihrer Traumata. Aber der geistliche Helfer schickt uns nicht ganz allein in jene Zeit zurück, sondern mit *Gottes Geist.* Denn in diesem Verfahren beruht die Partnerbeziehung auf dem Glauben, auf dem des Helfers und unserem eigenen. Wenn beide Christen sind, glauben sie, daß der Geist Jesu Christi, des Auferstandenen, in Menschen Wohnung nimmt.

Unser Glaube verändert unsere Erinnerungen nicht durch die Emotionen, die sie wecken, aber er macht uns mehr Mut für die Reise in die Vergangenheit. Wir schreiten durch unsere Kindheit in der Gewißheit, daß jemand uns zur Seite geht. Wir schreiten durch Wasser und Feuer in der Kraft des Gottesgeistes (Jes 43,1–5). Wir berühren unsere Wunden mit dem Erbarmen des wahren Guten Samariters (Lk 10,25–37). Wir stellen uns unseren Fehltritten mit der vergebenden Liebe Gottes (Jes 1,18). Siegreich halten wir Einzug in ein neues Leben durch neue Entscheidungen, gemeinsam getroffen mit dem Geiste Christi, der Sünde und Tod überwunden hat. Wir wissen, daß wir immer geliebt worden sind, und mit solch einem Glauben wird alles möglich (Jer 31,31).

Der geistliche Begleiter verweist uns wirklich wieder an den Geist Gottes, der in uns wohnt. Der Geist enthüllt und behandelt alle Wunden, die sich noch an den Wurzeln unserer Gefangenschaft befinden könnten (Lk 4,18). Belehrt vom Geist des Lebens und der Agape, lernen wir, unsere Verhaltensweisen zu entschlüsseln und bewußter aufzutreten. Unsere Entscheidungen werden mit dem Geist getroffen. Wir werden freier und glücklicher, als Menschen und als Gläubige. Nun wollen wir uns die Eigenschaften anschauen, auf die wir bei einem guten Begleiter achten sollten.

Sich bewußt sein, ein Eindringling zu sein

Im Gespräch mit unserem geistlichen Begleiter ist es besser, ihm alles aus unserem Leben offenzulegen, denn alles ist geistlich: Gott legt Wert auf unser ganzes Leben, wohnt in uns, wo immer wir sind und was immer wir tun, ruft nach uns in jeder Lage. Wir legen alles offen, weil alles eine Stätte für Verkündigung und Menschwerdung ist. Männer oder Frauen, als Ledige oder Verheiratete, als

Kinder oder Eltern, als Arbeiter oder Bürger – Gott richtet an uns immer die Worte, die Maria gehört hat: „Als Agape will ich in dieser Welt menschgeworden anwesend sein durch dich, durch dein Fleisch. Wie entscheidest du dich?" (Lk 1,26–38).

Es gibt kein Gesetz, das besagt, wir müßten alles offenlegen. Aber es zu tun, ist unumgänglich, wenn wir diese Verkündigungen nicht verpassen wollen, und wenn wir erleben wollen, wie sie sich als Menschwerdung erfüllen, wenn wir sagen: „Ich bin die Magd des Herrn." Daher geht es in unseren Gesprächen mit unserem Begleiter oft um unsere intimsten und vertraulichsten Angelegenheiten. Aus diesem Grund müssen geistliche Helfer immer daran denken, daß sie in gewisser Hinsicht trotz der Freiheit, die wir ihnen einräumen, Eindringlinge sind. Und sogar erst recht, wenn für uns die Zeit gekommen ist, eine Entscheidung zu treffen, für die wir allein verantwortlich sind.

Sie sind geladene Gäste bei unserem Mahl mit dem Herrn und müssen daher „kleiner werden" wie Johannes der Täufer, wenn Bräutigam und Braut zusammentreffen, sie müssen sich, nach dem Wort Jesu, „auf den untersten Platz setzen" (Joh 3,29f.; Lk 14,10). Wir möchten sagen, sie können nie taktvoll genug sein, können nie ehrfürchtig und feinfühlig genug sein. Das besagt nicht, daß sie nichts tun müßten; aber welche anderen Eigenschaften müssen wir noch bei guten Begleitern finden, bevor wir ihre Rolle beschreiben?

Ein Charisma

Geistliche Begleiter haben ein besonderes Charisma (1 Kor 12,10). Aber manchmal vergessen wir, uns zu vergewissern, ob diese Gabe wirklich vorhanden ist. Wir haben bereits zwei Zeichen für das Vorhandensein dieses Charismas erwähnt: Ehrfurcht und Feinfühligkeit. Sehen wir einmal, worin diese Eigenschaften wurzeln.

Persönliche geistliche Erfahrung

Echte Begleiter schöpfen aus ihrer eigenen Erfahrung. Sie mögen sich wohl in ihrem Studium mit Spiritualität beschäftigt haben – und das ist dann um so besser –, aber ihre Weisheit stammt nicht nur aus Büchern, sonder wesentlich aus ihrer eigenen Erfahrung.

Wenn sie uns gegenüber ehrfürchtig und feinfühlig sind, so weil sie selbst auf ihre Weise die Erfahrung von Sünde und Versuchung, Schuld und Reue, Trockenheit und Trost, Zweifel und Gewißheit, Zorn und Erbarmen, Haß und Liebe gemacht haben. Wenn sie uns helfen können, dann weil auch sie von Perfektionismus und übertriebener Askese angefallen worden, auch sie für Furcht und Schwäche im Unglück anfällig gewesen und auch sie von der Agape bezaubert worden sind. Und auch sie haben um Entscheidungen ringen müssen.

Da sie ihren eigenen Weg in Freud und Leid gegangen sind, können sie nicht von unseren Reaktionen überrascht werden oder an ihnen Anstoß nehmen, können sie nichts anderes als feinfühlig sein, denn sie wissen aus eigener Erfahrung, was es heißt, ein gebrechlicher und sündiger Mensch zu sein. Da sie ihren Weg mit Gott gegangen sind, sind sie uns gegenüber ehrfürchtig, denn sie kennen selbst die Geheimnisse und den hohen Preis des

Exodus, das Gewicht der Antwort: „Ja, Herr, hier bin ich." Der Begleiter kennt das, womit wir zu tun haben, gut, und die Eröffnung ist sofort intim und unergründlich tief.

Geistliches Gespür

Alle Menschen haben in ihrem Leben geistliche Erfahrungen gemacht; doch besitzen wir nicht alle die Gnade geistlicher Einsicht und die Gabe, unsere Erkenntnisse in Worte zu fassen, um anderen zu helfen (1 Kor 12,8). Diese Gabe wird begünstigt durch Intuition, kraft derer wir in allen Bereichen unseres Daseins feststellen können, wo das Leben uns ruft oder der Tod uns droht.

● „Ich bin am Boden zerstört, denn meine beste Freundin hat Krebs!" hat jemand zu seinem Begleiter gesagt. Am Ende eines längeren Gesprächs, in dem er seinen aufgewühlten Gefühlen Luft machen konnte, hat er seinen geistlichen Helfer antworten hören: „Ja, das ist schrecklich...; ist es für Sie aber nicht auch eine Aufforderung, sie jetzt noch mehr zu lieben?" Seine Sicht des Geschehens, das trotzdem schrecklich blieb, hat sich geändert.

● „Meine Chefin hat mir zu meinen Leistungen gratuliert. Merkwürdigerweise konnte ich mit ihren Glückwünschen nichts anfangen", hat ein Fabrikarbeiter geklagt. Im Lauf des Gesprächs berührte er wieder die Frage nach dem Bild, das er von sich selbst habe... Infolgedessen konnte der Begleiter sagen: „Unterschätzen Sie nicht Ihren Wert? Sind Sie nicht Gottes Sohn?"

Normalerweise lassen uns die Deutungen guter Begleiter stutzen. Tief in unserem Inneren spüren wir, daß die Worte ins Schwarze getroffen haben. Ob es um unsere

Familie geht, unser gesellschaftliches oder politisches Leben: Wir stellen fest, daß unser Helfer den rechten Punkt berührt hat, und das kommt dem Abwägen zugute. Weder Ausbildung noch Priesterweihe können solch eine Intuition garantieren, sie ist ein Charisma.

Geschick zum Zuhören

Wir könnten vermuten, daß gute geistliche Begleiter geschickte Zuhörer sind. Eine Zeitlang still zu warten, bevor man auf das Gehörte eingeht, sich wie ein liebevoller Seelsorger persönlicher Projektionen zu enthalten, besorgt zu sein wie ein Freund, sind ausgezeichnete Verhaltensweisen, aber es kommt auf etwas anderes an. Begleiter versuchen zu erkennen, was vielleicht in uns ans Licht kommt; ihre eigentliche Frage lautet: *„Was spielt sich hinter den Worten, die ich höre, hinter den Ereignissen, die berichtet werden, ab an Versuchungen oder Verlockungen, an Faszination durch den Tod oder Anrufen seitens der Agape?"* Die Beantwortung dieser Fragen klärt die Alternativen, die zur Wahl stehen.

Das erklärt, warum sie nicht als Richter oder Moralisten handeln: weil sie sich nicht unsere Tugend oder unsere Vollkommenheit zum Ziel gesetzt haben (Jes 42,3). Der Glaube ist die Ebene, auf der sie wirken, eingedenk der Worte Kierkegaards: „Im Evangelium ist das Gegenüber der Sünde nie die Tugend, sondern der Glaube." Verstümmelt mit den Verstümmelten, gelähmt mit den Gelähmten, sündigen Männern oder Frauen, versuchen sie, mit uns den „einen weiteren Schritt voran" abzuwägen, den wir in unserer derzeitigen Situation tun können, um – voller Glauben – der vorliegenden Einladung zum Mahl des Erlösers zu folgen (Ez 33,11; Joh 10,10; Lk 14,21; Mt 9,13).

Fähigkeit zur Namengebung

Ein besonderer Aspekt des begleitenden Zuhörens ist die *Namengebung*. Der geistliche Begleiter versucht festzustellen, wer wir sind, indem er Fragen zu unserem Namen stellt: „Sind Sie in Ihrem Betrieb David, der gegen gigantisches Ungemach ankämpft und feststehen muß im Glauben an Gottes Kraft?" (1 Sam 17). „Fühlen Sie sich in Ihrem gesellschaftlichen Leben von Gott verlassen wie Zion und dürsten Sie nach der Gegenwart des Herrn in seiner Treue?" (Jes 49,14–16). „Sind Sie im Umgang mit den Verstoßenen Judas oder Petrus, die den Gekreuzigten verraten oder verleugnen und zur Reue aufgerufen sind?" (Lk 22,48.54–62). „Werden Sie bei Ihrem politischen Engagement in Bedrängnis gebracht und verspottet wie Jeremia und werden irre an Gottes Macht über die Gewalt?" (Jer 15,18–21). „Sind Sie bei Ihrem Ehemann wie Rut oder Maria in dem Verlangen, die Liebe in Ihrem Fleisch willkommen zu heißen, und mit den Worten: ‚Wohin du gehst, dahin gehe auch ich'?" (Rut 1,16; Lk 1,26–38). Die Kenntnis meines „Namens" ist schon eine Aussage über meine „Sendung".

Dann empfiehlt uns unser geistlicher Begleiter mit ehrfürchtiger Zurückhaltung und Feinfühligkeit „Arbeitshypothesen" zu unserer derzeitigen Identität; und wir stellen durch die Gefühle, die sie in uns wecken, fest, welche von ihnen zutreffen. So können wir schließlich *gemeinsam mit unserem Begleiter* den Sohn oder die Tochter Gottes, die wir augenblicklich sind, eindeutig „beim Namen nennen". Und durch eine persönliche Offenbarung, die wirklich uns gilt, können wir unsere „Sendung" erkennen und akzeptieren. Jesu Geburt ist Maria und Josef verkündet worden: Wenn wir geistliche Hilfe suchen, sind wir – ob Frau oder Mann – Maria, die neues Leben in ihrem Schoß trägt; der Begleiter kann nicht mehr sein als Josef – ob Mann oder Frau –, der ebenfalls dem Kind den Namen gibt, dem Kind, das unser und Gottes Kind ist – denn wir sind Gottes Volk (Lk 1,31; Mt 1,21).

„Laß mein Volk ziehen…"

Sobald wir unseren Namen erhalten haben, muß unser Begleiter uns ziehen lassen. Der Weg, der sich gezeigt hat, ist unser eigener, und der Herr sagt: „Laß mein Volk ziehen" (Ex 7,16). Und wir ziehen dorthin, wo unser persönlicher Bund erneuert und wieder gefeiert wird. Wir müssen unseres Weges ziehen und dürfen uns auch nicht an unseren Helfer klammern. Welche Abhängigkeit oder Herrschsucht verbergen sich da, wenn keiner von uns beiden loslassen kann? Sind wir noch Sklaven? Ist unser Begleiter zu unserem Pharao geworden?

Das ist das Zeichen, an dem man eine echte Beziehung zu geistlichen Begleitern erkennt: *Sie ist für beide Seiten befreiend.* Geistliche Hilfe ist keine Einbahnstraße. Wir beide vertiefen in uns das Wissen um unsere Anfälligkeit für den Tod und unsere Verfügbarkeit für den Geist des Lebens und der Liebe; infolgedessen können wir beide freier werden für den Dienst an anderen (Gal 5,1–13). Diese Freiheit schenkt Freude. Wir sind auf der Suche gewesen, und jetzt verkosten wir die Freude, auf Gottes Ruf zu antworten. Wenn wahre Begleiter merken, daß wir durch unsere Entscheidung den Herrn willkommen heißen, genügt ihnen das. Sie sind wie die Jünger Jesu, die ihn sagen hörten: „In reichem, vollem, gehäuftem, überfließendem Maß wird man euch beschenken" (Mt 25,1–10; Lk 6,38). Was sie gesehen und gehört haben, erfüllt sie so sehr, daß es ihnen leicht fällt, weniger Platz im Leben dessen einzunehmen, dem sie helfen, und sogar abzutreten; sie können frohlocken: „Meine Freude ist vollkommen" (1 Joh 1,1–4; Lk 2,20; Joh 3,30).

Anhang 5

Schematische Darstellungen

ERSTER TEIL:
Der allgemeine Aufbau des Abwägeverfahrens

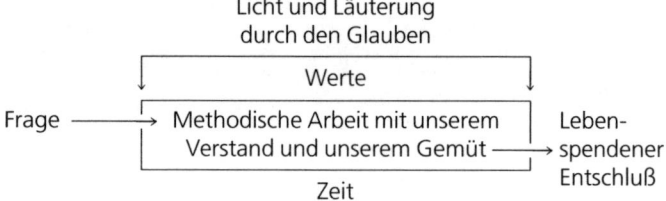

ZWEITER TEIL:
1. Kapitel: Wie man Kopfarbeit leistet – die vier Kriterien

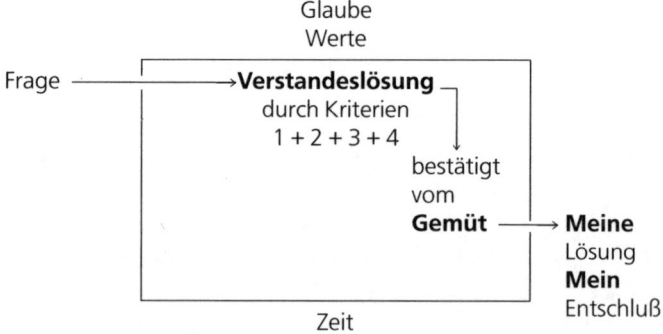

2. Kapitel: Wie man auf sein Herz hört

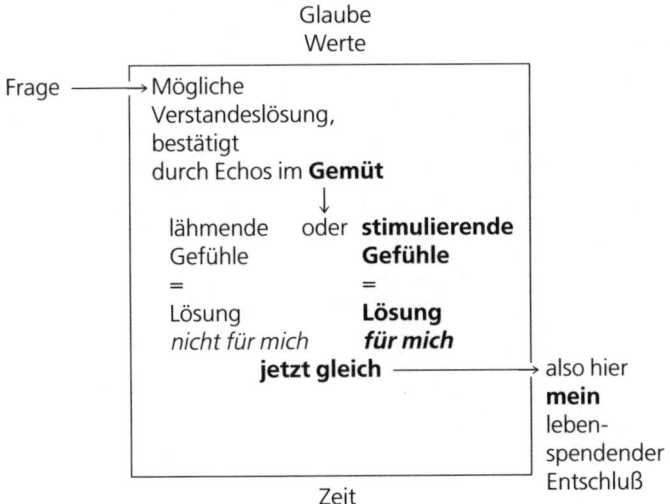

Glaube
Werte

Frage ——→ Mögliche
Verstandeslösung,
bestätigt
durch Echos im **Gemüt**
↓

lähmende   oder   **stimulierende**
Gefühle   **Gefühle**
=   =
Lösung   **Lösung**
nicht für mich   *für mich*
jetzt gleich ————→ also hier
                       mein
                       leben-
                       spendender
                       Entschluß

Zeit

3. Kapitel: Wie man von Anfang an freier wird

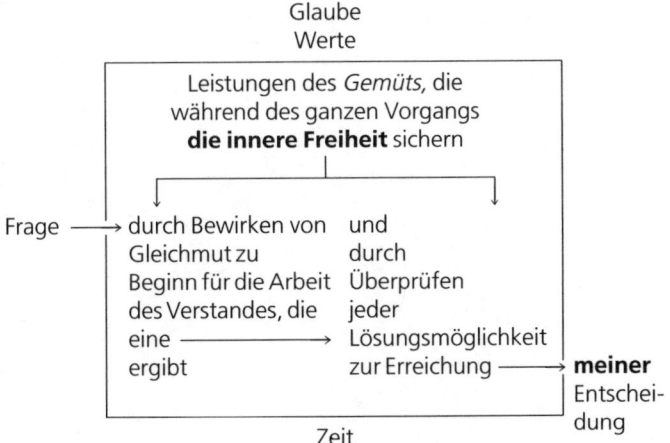

Glaube
Werte

Leistungen des *Gemüts,* die
während des ganzen Vorgangs
die innere Freiheit sichern

Frage ——→ durch Bewirken von   und
Gleichmut zu   durch
Beginn für die Arbeit Überprüfen
des Verstandes, die   jeder
eine ————→   Lösungsmöglichkeit
ergibt   zur Erreichung ——→ **meiner**
                                           Entschei-
Zeit   dung

Anhang 6

Literatur zur Vertiefung

In deutscher Sprache

Ignatianisch. Eigenart und Methode der Gesellschaft Jesu, hrsg. von Michael Sievernich SJ und Günter Switek SJ, Freiburg-Basel-Wien 1990; darin:

- Piet van Breemen SJ, Geistliche Begleitung heute, 497–512.
- Friedhelm Hengsbach SJ, Apostolische Unterscheidung in Gemeinschaft – eine Inspiration für die katholischen Sozialverbände? 569–583
- Peter Knauer SJ, „Unsere Weise voranzugehen" nach den Satzungen der Gesellschaft Jesu, 131–148
- Erhard Kunz SJ, „Bewegt von Gottes Liebe". Theologische Aspekte der ignatianischen Exerzitien und Merkmale jesuitischer Vorgehensweise, 75–95
- Lothar Lies SJ, Ignatius von Loyola und Origenes, 183–203
- Philipp Schmitz SJ, Probabilismus – das jesuitischste der Moralsysteme, 354–368
- Josef Sudbrack SJ, Die „Anwendung der Sinne" als Angelpunkt der Exerzitien, 96–119
- Friedrich Wulff SJ, Dialektik von Mystik und Dienst bei Ignatius von Loyola, 54–74
- Hans Zwiefelhofer SJ, Dienst am Glauben und Einsatz für die Gerechtigkeit, 657–669

Michael Schneider SJ, Unterscheidung der Geister. Die Ignatianischen Exerzitien in der Deutung von Erich Przywara, Karl Rahner und Gaston Fessard, Innsbrucker Theologische Studien 11, Innsbruck ²1987.

Marianne Heimbach-Steins, Geistliche Entscheidungsfindung in Gemeinschaft, in: Pastoralblatt, November 1995, 332–338.

Alex Lefrank SJ, Unterscheiden und Entscheiden in geistlicher Gemeinschaft, in: Korrespondenz zur Spiritualität der Exerzitien, 40. Jg. (1990), Nr. 57, 3–34.

Klaus Mertes SJ / Georg Schmidt SJ, Der Jesuitenorden heute, Mainz 1990, bes. der Abschnitt „Die geistliche Struktur des Ordens: Spiritualität", 75–96.

In englischer Sprache

Thomas H. Green SJ, Weeds Among the Wheat. Discernment: Where Prayer and Action Meet. Notre Dame, Indiana: Ave Maria Press, 1983.

John J. English SJ, Spiritual Freedom. From an Experience of the Ignatian Exercises to the Art of Spiritual Direction, Guelph, Ontario: Loyola House, 1982.

Studies in the Spirituality of Jesuits published by the American Assistancy Seminar on Jesuit Spirituality, Fusz Memorial, Saint Louis University, 3700 West Pine Blvd., Saint Louis, Missouri, USA:

- John Carroll Futrell SJ, „Ignatian Discernment", vol. VI, n. 4, June 1974.
- Ladislas Orsy SJ, „Toward a Theological Evaluation of Communal Discernment", vol. V, n. 5, October 1973.